红色广东丛书

广东爱国主义教育基地导览手册

广东爱国主义教育基地导览手册编委会　主编

SPM 南方传媒　广东人民出版社

·广州·

图书在版编目（CIP）数据

薪火：广东爱国主义教育基地导览手册/广东爱国
主义教育基地导览手册编委会主编.—广州：广东人民
出版社，2022.12

（红色广东丛书）

ISBN 978-7-218-14890-8

Ⅰ.①薪… Ⅱ.①广… Ⅲ.①革命纪念地—介绍—
广东 Ⅳ.①K878.2

中国版本图书馆CIP数据核字（2020）第255298号

XINHUO: GUANGDONG AIGUO ZHUYI JIAOYU JIDI DAOLAN SHOUCE

薪火：广东爱国主义教育基地导览手册

广东爱国主义教育基地导览手册编委会　主编　　版权所有　翻印必究

出 版 人：肖风华

责任编辑： 黎 捷 梁 晖
责任技编： 吴彦斌
封面设计： 刘小锋
书籍设计： 书窗设计

出版发行：广东人民出版社
地　　址：广州市越秀区大沙头四马路10号（邮政编码：510199）
电　　话：（020）85716809（总编室）
传　　真：（020）83289585
网　　址：http://www.gdpph.com
印　　刷：广东鹏腾宇文化创新有限公司
开　　本：787mm×1092mm 1/16
印　　张：21
字　　数：300千
版　　次：2022年12月第1版
印　　次：2022年12月第1次印刷
定　　价：88.00元

如发现印装质量问题，影响阅读，请与出版社（020-85716849）联系调换。
售书热线：（020）85716833

《红色广东丛书》编委会

总　序

　　百年征程波澜壮阔，百年大党风华正茂。习近平总书记在党史学习教育动员大会上指出："我们党的一百年，是矢志践行初心使命的一百年，是筚路蓝缕奠基立业的一百年，是创造辉煌开辟未来的一百年。"翻开风云激荡的百年党史，一代又一代中国共产党人，用鲜血和生命浸染了党旗国旗的鲜亮红色，书写了可歌可泣的历史篇章，铸就了彪炳史册的丰功伟绩。一百年来，党的红色薪火代代相传，革命精神历久弥坚，红色基因已深深根植于共产党人的血脉之中，成为我们党坚守初心、永葆本色的生命密码。

　　广东是一片红色的热土，不仅是近代民主革命的策源地，也是国内最早传播马克思主义、最早成立共产党早期组织的省份之一。在新民主主义革命的漫长历程中，广东党组织在中共中央的领导下，发动、组织和领导广东人民开展了一系列广泛而深远的革命斗争。1921年，广东党组织成立后，积极开展工人运动、青年运动，并点燃农民运动星火。第一、二、三次全国劳动大会连续在广州召开，全国工人运动的领导机关——中华全国总工会在广州诞生。中国社会主义青年团第一次全国代表大会在广州召开，促进了全国团组织的建立、发展。在"农民运动大王"彭湃领导下，农潮突起海陆丰影响全国。

1923年，中共中央机关一度迁至广州，中国共产党第三次全国代表大会在广州召开，推动形成了第一次国共合作，建立了国民革命联合战线，掀起了大革命的洪流。随后，在共产党人的建议下，黄埔军校在广州创办，周恩来等共产党人为军校的政治工作和政治教育作出了重要贡献，中国共产党也从黄埔军校开始探索从事军事活动。在共产党人的提议下，农民运动讲习所在广州开办，先后由彭湃、阮啸仙、毛泽东等共产党人主持，红色火种迅速播撒全国。1925年，广州和香港爆发省港大罢工，声援五卅运动，成为大革命高潮时期一个十分引人注目的重要斗争。1926年，在统一广东革命根据地后，国民革命军在广州誓师北伐，以共产党员为骨干的北伐先锋叶挺独立团所向披靡，铸就了铁军威名。在北伐战争胜利推进的同时，广东共产党组织和党领导的革命队伍迅速扩大和发展，全省工农群众运动也随之进入高潮。

1927年"四一二"反革命政变以后，广东共产党组织在全国较早打响反抗国民党反动派血腥屠杀的枪声，广州起义与南昌起义、秋收起义一起，成为中国共产党独立领导中国革命、创建人民军队的伟大开端。随后，广东党组织积极探索推进工农武装割据，在海陆丰建立第一个县级苏维埃政权，并率先开展土地革命，开启了中国共产党领导人民进行的最重大的社会变革。与此同时，广东中央苏区逐步创建和发展起来，为中国革命的发展作出了不可磨灭的贡献。1931年，连接上海中共中央机关与中央苏区的中央红色交通线开辟，交通线主干道穿越汕头、大埔，成功转移了一大批党的重要领导，传送了重要文件和物资，成为土地革命战争时期党的红色血脉。1934年，中央红军开始了举世瞩目的长征，广东是中央红军从中央苏区腹地实施战略转移后进入的第一个省份，中央红军在粤北转战21天，打开了继续前进的通道，成功走向最后的胜利。留守红军在赣粤边、闽粤边和琼崖地区进行了艰苦卓绝的游击战争，高举红旗永不倒。

抗战全面爆发后，中共中央和中共中央长江局、南方局十分重视和加强对广东党组织的领导，选派了张文彬等大批干部到广东工作。日军侵入广东以后，广东党组织奋起领导广东人民开展敌后抗日游击战争，成立了东江纵队、琼崖纵队、珠江纵队、广东人民抗日解放军、南路人民抗日解放军和韩江纵队等抗日武装，转战南粤辽阔大地，战斗足迹遍及70多个县市。华南敌后战场成为全国三大敌后抗日战场之一，党领导的广东人民抗日武装被誉为华南抗战的中流砥柱。香港沦陷以后，在中共中央的领导和周恩来等人的精心策划安排下，广东党组织冲破日军控制封锁，成功开展文化名人秘密大营救，将800多名被困香港的文化名人、爱国民主人士及家眷、国际友人等平安护送到大后方，书写了抗战史上的光辉一页。

解放战争时期，在中共中央的领导下，华南地区大力开展武装斗争，开辟出以广东为中心的七大块游击根据地，成立了中国人民解放军琼崖纵队、粤赣湘边纵队、闽粤赣边纵队、桂滇黔边纵队、粤中纵队、粤桂边纵队和粤桂湘边纵队等人民武装，其中仅广东武装部队就达到8万多人，相继解放了广东大部分农村，在全省1/3地区建立起人民政权，为广东和华南的解放创造了有利条件。在广东党组织的配合下，人民解放军南下大军发起解放广东之役，胜利的旗帜很快插遍祖国南疆。

革命烽火路，红星照南粤。广东见证了中国共产党从新生到大革命、土地革命，再到抗日战争、解放战争等革命斗争全过程。其间，毛泽东、周恩来、刘少奇、朱德、邓小平、叶剑英、彭德怀、刘伯承、贺龙、陈毅、聂荣臻、徐向前、李富春、粟裕、陈赓等老一辈革命家和李大钊、蔡和森、瞿秋白、陈延年、彭湃、叶挺、杨殷、邓发、张太雷、苏兆征、杨匏安、罗登贤、邓中夏、恽代英、萧楚女、阮啸仙、张文彬、左权、刘志丹、赵尚志等一大批革命先烈都在广东战斗过，千千万万广东优秀儿女也在革命斗争中抛头颅、洒热血，留下了光照千秋的革命历史和革命精神。广东这片红色热土，老区苏区遍布全省，大大小小的革命遗址分布各地，留下了宝贵而丰厚的红色文化历史遗产。

习近平总书记强调，中国革命历史是最好的营养剂。重温这部伟大历史能够受到党的初心使命、性质宗旨、理想信念的生动教育，必须铭记光辉历史、传承红色基因。我们有责任把党领导广东人民进行革命斗争的光辉历史和伟大功绩研究深、挖掘透、展示好，全面呈现广东红色文化历史，更好地以史铸魂、教育后人，让全省人民在缅怀英烈、铭记历史中汲取砥砺奋进的强大力量，让人们深刻认识红色政权来之不易，新中国来之不易，中国特色社会主义来之不易，确保红色江山的旗帜永远高高飘扬。

为充分挖掘广东红色文化资源的丰富内涵，我们组织省内党史、党校、社科、高校等专家学者，集智聚力分批次编写《红色广东丛书》。丛书按照点面结合、时空结合、雅俗结合原则，分为总论、人物、事件、地区、教育五个版块。总论版块图书，主要综述中国共产党在广东的革命斗争历史概况，人物版块图书主要讴歌广东红色人物，事件版块图书主要论说党领导广东人民开展革命斗争的历史事件，地区版块图书从地市和历史专题角度梳理广东地域红色文化，教育版块图书着力打造面向青少年及党员的红色主题教材。丛书以相关的文物、文献、档案、史料为依据，对近些年来广东红色文化资源研究成果做了一次全面系统梳理，我们希望这套丛书能为党史学习教育、革命传统教育、爱国主义教育提供重要内容支撑。

一切向前走，都不能忘记走过的路，走得再远、走到再光辉的未来，也不能忘记走过的过去，不能忘记为什么出发。站在"两个一百年"的历史交汇点上，我们要更加坚定自觉地学史明理、学史增信、学史崇德、学史力行，赓续红色血脉，传承红色基因，以一往无前的奋斗姿态、风雨无阻的精神状态，推动广东在全面建设社会主义现代化国家新征程中走在全国前列、创造新的辉煌。

《红色广东丛书》编委会
2021年6月

编者的话

　　爱国主义是中华民族的民族心、民族魂，是中华民族最重要的精神财富。爱国主义精神深深植根于南粤大地，激励着一代又一代南粤儿女为国家统一、民族团结、社会进步而不懈奋斗。特别是90多年来，在中国共产党的带领下，广东人民进行了可歌可泣、气壮山河的革命、建设、改革伟大实践，书写了浓墨重彩的历史篇章，南粤大地也留下了一大批激发爱国热情、凝聚人民力量、弘扬民族精神、传承红色基因的爱国主义教育基地。

　　为更好发挥爱国主义教育基地资政育人作用，本书选择了省级以上爱国主义教育基地，深入介绍教育基地的重要历史事件、历史人物和相关文物，充分展现教育基地蕴含的深厚历史文化和深沉爱国精神。图书编写力求内容客观准确，文字通俗易懂，形式生动活泼，并附有分布地图和参观学习的基本信息。

　　希望通过本书，让广大读者、特别是青少年读者探寻先辈足迹，领略革命精神，传递红色薪火，逐梦新时代，奋斗新征程。

目 录

全国爱国主义教育示范基地

★ 国共合作

中国共产党第三次全国代表大会会址纪念馆

中国共产党第三次全国代表大会是迄今为止中国共产党唯一在广州召开的全国代表大会。中共三大正确地估计了孙中山的革命立场和国民党进行改组的可能性，决定共产党员以个人身份加入国民党。

　　1923年6月12日至20日，中国共产党第三次全国代表大会（简称中共三大）在广州召开。出席大会的代表30多人代表全国420名党员。共产国际代表马林参加会议。会议选出9名中央执行委员和5名候补执行委员，组成中共第三届中央执行委员会。会后召开的分工会议决定由陈独秀、毛泽东、蔡和森、谭平山、罗章龙组成中央局，陈独秀为委员长，毛泽东为秘书，罗章龙为会计。

　　大会的主要议程有三项：一是讨论党纲草案，二是讨论同国民党建立革命统一战线问题，三是选举党的中央执行委员会。会议的中心议题是讨论与国民党合作、建立革命统一战线的问题。代表们就共产党员以个人身份加入国民党、建立革命统一战线的问题进行了热烈的讨论。

　　大会最终通过了《关于国民运动及国民党问题的议决案》《中国共产党第三次全国大会决议案及宣言》等文件。这些文件的中心思想是，党在现阶段"应该以国民革命运动为中心工作"，共产党员以个人身份加入国民党，采取党内合作的形式，同国民党建立联合战线，以完成反帝反封建的国民革命的重要任务。文件还规定了要保持中国共产党在政治上的独立性的一些原则。

1923年6月20日是中国共产党第三次全国代表大会的最后一天，全体代表集中在黄花岗烈士陵园唱《国际歌》。瞿秋白、张太雷因为在苏联学习和工作的时间较长，所以比较早掌握了《国际歌》的唱法，各位代表便是在他们教导下学习这首歌曲的。

"英特纳雄耐尔就一定要实现"，歌声雄壮，黄花作证，中共三大在嘹亮的《国际歌》歌声中闭幕了，从此在党的全国代表大会闭幕式上唱《国际歌》就成为传统，延续至今。

为纪念这次在党的历史上具有重要意义的会议，中共三大会址纪念馆于2006年7月建成开馆。纪念馆由中共三大历史陈列馆、中共三大会址遗址广场和旧民居5号楼、中共中央机关旧址——春园组成。

中共三大历史陈列馆呈方形，一片红墙，显得醒目而肃静。进入馆内，一幅大型浮雕展现在眼前。神情激愤的工人、满脸沧桑的农民、挥舞拳头的士兵、发传单的学生等社会各个阶层的人聚集在一起，象征中共三大和国共合作后建立的包括工人、农民、小资产阶级和民族资产阶级在内的革命民主统一战线。

来到中共三大遗址广场，首先映入眼帘的是一块褚红大理石墙，上刻着"全中国国民革命者联合起来"。中共三大会址原为一幢两层砖木结构金字瓦顶的房屋，坐西向东，一层南北两间分别为会议室和餐厅，楼上为部分会议代表宿舍。1938年房屋被侵华日军飞机炸毁，1972年中共三大代表徐梅坤到实地

考察确认会址。2006年经考古挖掘，清理山会址墙基和残存地面，为保持历史真实性，对遗址按现状保护修缮。

离历史陈列馆不远，是中共中央机关旧址——春园。春园于20世纪20年代由华侨所建，借鉴欧美建筑风格，呈现中西合璧的艺术特色。如今的春园按照"修旧如旧"的原则，还原了当年部分室内摆设，展现了当时党的领导人起居卧室的原貌。

春园门前有几棵参天大树，即使到了寒冬时节，还是郁郁葱葱，把整个春园妆点得生机盎然。伫立树下，我们似乎依然能听到那波澜壮阔的历史之声，红色基因正是这样星火相传，历久弥新！

导航小卡片

地　　址	广州市越秀区恤孤院路3号
服务电话	020-87606531
开放时间	周二至周四：9:00—17:30 周五至周日：9:00—21:00 周一闭馆
票务信息	免票
微信公众号	中共三大会址纪念馆

★ 星火燎原

毛泽东同志主办农民运动讲习所旧址纪念馆

在第一次国共合作期间，为了培养农民运动的骨干，经共产党人提议，国民党中央执行委员会决定自1924年7月起开办农民运动讲习所。农讲所先后由共产党人彭湃、阮啸仙、毛泽东等主持，培养了一批农民运动的骨干力量。

距广州地铁"农讲所"站不远，有一组古朴而庄严的古建筑群，散发着浓郁的历史气息。它在20世纪20年代承载着特殊的时代使命，成为中国农民运动的摇篮，这里就是毛泽东同志主办农民运动讲习所旧址纪念馆。农讲所旧址原为番禺学宫，始建于明洪武三年（1370），是明清时期培养儒家生员和祭祀孔子以及先贤名儒的所在地。1926年，毛泽东在此主办第六届农民运动讲习所，深入研究中国农民问题，培养大批农民运动干部，为中国革命作出了重要的贡献。

农运掀大潮

农民运动讲习所（简称农讲所）是第一次国共合作时期为培养农民运动干部而创办的革命学校，从1924年7月至1926年9月共举办六届，均在广州举办，为开展革命工作培养了大批骨干。1926年，为配合即将进行的北伐战争，由毛泽东任所长的第六届农讲所扩大了招生人数和范围，所址迁入占地宽广的番禺学宫。第六届农讲所于1926年5—9月举办，招收来自全国20个省区的327名学员，是人数最多、规模最大、学科最全面、影响最深的一届，特别重视理论研究和课外实践。

毛泽东、彭湃、周恩来、萧楚女、恽代英等人都曾在广州农讲所任教。

彭湃是广州农讲所的创始人之一，曾任农讲所第一届和第五届主任，也是历届教员，他以自己从事海陆丰农民运动的实践，向学生传授经验。

广州农讲所是中国农民运动史上的伟大创举，具有强大的吸引力和辐射力。在它的影响下，各地区纷纷效仿举办农讲所。这些农讲所和农训班，培养了成千上万的农民运动骨干，有力推动了全国农民运动不断蓬勃发展。

人才出岭南

毛泽东任第六届农讲所所长（前五届称为主任），负责主持所务工作，还亲自给学生讲授了"中国农民问题""农村教育""地理"三门课程。在讲授"中国农民问题"这一课程的第一章"中国社会各阶级的分析"时，他以马克思列宁主义的阶级分析方法对中国社会各阶级的经济地位及其政治态度作了科学的分析，在讲授社会各阶级的关系时，他在黑板上画了一座多层的塔，指着塔说："你们看，最下层是塔基，有工人，农民，还有小资产阶级，人数最多，受压迫和剥削最深，生活最苦，压在他们上面一层是地主阶级，买办阶级，人数不多；再上一层是贪官污吏，土豪劣绅，人数更少；更上一层是军阀；塔顶是帝国主义。"

毛泽东任教期间，还把国内外关于农民问题理论的研究成果和教员讲课的重要讲义以及部分学生的调查报告，编辑出版了一套《农民问题丛刊》（下图）。这套丛刊原计划出52种，后只出到26种。毛泽东亲自为该丛刊撰写了序言《国民革命与农民运动》。这套丛刊的出版，不但改变了以前研究农民问题资料匮乏的状况，为农讲所学员以及全国各地的农运干部提供了丰富而宝贵的学习材料，而且在宣传革命思想、提供政策指导、介绍农运经验和传播知识信息等方面发挥了不可低估的作用。

广州农讲所学员毕业后奔赴全国各地，领导农民运动，为中国革命作出了重要的贡献。在艰苦卓绝的革命生涯中，谢铁民、梁桂华、高恬波、韦拔群等学员为革命献出了年轻的生命，王首道、方方、曹广化等人在中华人民共和国成立后继续投身于社会主义建设事业。

农讲所的门坊上雕有云龙纹饰，气势恢弘，最显眼的则是中间门顶上那块横匾。周恩来总理亲笔题写的"毛泽东同志主办农民运动讲习所旧址"十六个大字，在朝阳下熠熠生辉。纪念馆中的所长办公室、教务部、军事训练部、课堂、学生宿舍与九十多年前的模样相差不大，穿梭其中，教员们激昂的授课声仿佛在殿中回荡。

"革命自有后来人"，今天，我们来到农讲所的院子里，坐在小桥边或木棉树下，聆听红色文化讲堂，继承红色基因，传播星星之火，让这座古建筑焕发新的光彩！

导航小卡片	
地　　址	广州市越秀区中山四路42号
服 务 电 话	020-83333936
开 放 时 间	周二至周四9:00—17:30（17:00停止进场）周五至周日9:00—21:00（20:30停止进场）周一闭馆
票 务 信 息	免费
微信公众号	广州农讲所纪念馆

★ 红陵旭日

广州起义烈士陵园

> 广州起义是对国民党反动派屠杀政策的一次英勇反击，经过南昌起义、秋收起义、广州起义，以及在各地举行的一系列起义，中国共产党进入了创建中国工农红军的新时期。

　　继南昌起义和秋收起义之后，中共中央和广东省委经过三个多月的准备部署于1927年12月11日凌晨发动了广州起义。起义由中共广东省委书记张太雷和叶挺、恽代英、叶剑英、杨殷、周文雍、聂荣臻、陈郁等领导，共产国际代表诺伊曼等参与了对起义的指导，在广州的苏联、朝鲜、越南的部分革命者及广州市工人和南海、花县农民武装共约2万人参加了起义。经过两个多小时的激战，起义军民在天亮前占领了除第四军军部、中央银行等少数敌人据点外的广州珠江北岸的大部分市区，广州苏维埃政府宣布成立，颁布了维护工农权益的法令。

　　由于敌我力量悬殊，起义军民无力坚守广州，担任起义总指挥的叶挺主张趁敌人主力尚未开回广州前将起义部队撤出，但这个正确主张遭到诺伊曼的反对。起义军同敌人进行了顽强战斗，终因敌众我寡，在起义的第三天即告失败，张太雷和许多革命者英勇牺牲。

广州起义具有不容否认的历史地位和意义，最突出的特点在于它第一次开创了城乡配合，工农兵联合举办武装起义的先例，并第一次公开打出"工农红军"的旗号。起义中建立的广州苏维埃政府，是第一次在中国的大城市中，通过工农兵代表大会选举产生的，由中国共产党独立领导的完全新型的革命政权，"是中国无产阶级建立苏维埃政之英勇的尝试"，被称为"中国的巴黎公社"。广州起义和南昌起义、秋收起义一起，使中国革命从此"进入了创造红军的新时期"。

为了让人们永远缅怀广州起义的丰功伟绩，广东省和广州市人民政府决定在当年烈士牺牲的红花岗修建广州起义烈士陵园。全园总面积18.1万平方米，分陵区和园区两部分。陵区为纪念瞻仰区，有正门门楼、陵墓大道、广州起义纪念碑、广州公社烈士墓、四烈士墓、叶剑英同志纪念碑、广州起义领导人雕像纪念广场、"刑场上的婚礼"雕像广场等。园内的建筑上铭刻有老一辈无产阶级革命家周恩来、朱德、邓小平、叶剑英、董必武等的亲笔题词，富有民族特色的血祭轩辕亭、中朝人民血谊亭和中苏人民血谊亭也坐落园中。

导航小卡片	
地　　址	广州市越秀区中山二路92号
服务电话	值班室：020-83825037 办公室：020-83840943
开放时间	6:00—22:00
票务信息	免费
微信公众号	红陵旭日

★ 黄花皓月

广州市黄花岗七十二烈士墓园

黄花岗七十二烈士墓园是为纪念孙中山先生领导的同盟会在广州"三·二九"起义中牺牲的烈士而建，从此，象征节烈的黄花，也成为这里的地名。

在1895年至1911年孙中山先生领导以武装斗争为手段的10次起义中，规模最大、影响最深、最为壮烈者莫过于1911年的广州"三·二九"起义。1911年4月27日，即农历辛亥年的三月二十九日，下午5时半，同盟会主要领导人黄兴等在广州举行起义。因走漏消息而仓促提前举事，致使寡不敌众，各路将领配合不上，仅黄兴率100多人英勇奋战，大部分人壮烈牺牲。事后，革命党人的遗体被陈尸在咨议局前的旷地上，惨不忍睹。其时，同盟会会员潘达微冒着生命危险，将72具烈士遗骸收殓后丛葬于广州东郊的红花岗上。潘达微将烈士们安葬之后，还以《咨议局前新鬼录，黄花岗上党人碑》为题，将安葬烈士情况在报纸上作了报道。潘达微认为，黄花即菊花，象征节烈；"红花"不及"黄花"一词雄浑优美。故在报道中将原"红花岗"易名为"黄花岗"。此次起义，从此也称作"黄花岗起义"，而烈士们的埋骨地，则以"黄花岗七十二烈士墓"之名响彻全世界。

黄花岗起义虽然失败了，却极大地震动了全国的同胞，在国际上也产生了广泛而深远的影响，成为全世界华人华侨心中念念难忘的一次起义。它也是辛亥革命胜利的前奏，为最终推翻封建王朝统治而积聚了巨大的革命力量。

黄花岗七十二烈士墓园是广州作为近代革命策源地的重要见证。园内还有中国第一个飞机制造家和飞行家冯如之墓、陆军上将邓仲元之墓、被孙中山誉为"中国革命空军之父"的杨仙逸之墓、被孙中山称作"为共和殉难之第二健将"的史坚如之墓以及越南烈士范鸿泰之墓等。园内集中了辛亥革命时期重要人物手书碑刻，如孙中山、章炳麟等，可以说黄花岗七十二烈士墓园是中国近代历史上人文历史沉淀最为深厚的烈士墓园之一。

黄花岗七十二烈士墓园的整体建筑带有浓厚的中国传统陵园风格，包括墓道、祭台、墓碑、亭坊等。从正门孙中山先生手书的"浩气长存"牌坊至七十二烈士墓，依地形步步升高，层次分明，形成一条长达230米的轴线，营造出庄严肃穆的氛围。

墓园在具体建筑上又融合了西方建筑特色，从而产生了独特鲜明的建筑特点。如红门采用的巴洛克式建筑风格，邓仲元墓则是仿希腊科林斯柱式。

纪念性建筑设计巧妙、寓意深刻。主墓道中段的默池，桥面刻意铺砌齿状凿石，人们经过，自然是低头慢走，营造了"低头默哀"的气氛效果。纪功坊（上图）的底层也可作为休息亭，沿楼道便能上至二层。在二层前后各安放着72块连州青石，呈金字塔形，寓意"七十二烈士"，石面刻有海内外捐资建园的国民党支部或个人名称。

导航小卡片

地　　址	广州市越秀区先烈中路79号
服务电话	020-87326604
开放时间	全年 6:00—22:00
票务信息	免费
微信公众号	广州市黄花岗公园

★ 将帅摇篮

黄埔军校旧址纪念馆

黄埔军校是一所国共合作的学校。中国共产党十分重视黄埔军校的工作，从各地选派大批党、团员和革命青年到军校学习，教职员中也有不少共产党员。

开学训词

黄埔军校校歌

怒潮澎湃，党旗飞舞，
这是革命的黄埔。
主义须贯彻，纪律莫放松，
预备作奋斗的先锋。
打条血路，引导被压迫民众，
携着手，向前行，
路不远，莫要惊，
亲爱精诚，继续永守。
发扬吾校精神！发扬吾校精神！

为了造就革命武装的骨干力量，在共产党人建议下，国民党一大决定创办一所陆军军官学校。因校址设在广州东南的黄埔长洲岛，故亦称黄埔军校。其建校目的是为国民革命训练军官，孙中山希望通过创建革命军，挽救中国的危亡。

1924年5月，黄埔军校开学，孙中山自任军校总理，委任蒋介石为校长、廖仲恺为党代表。在黄埔军校开学典礼上，孙中山作了热情洋溢的讲话："要从今天起，立一个志愿，一生一世，都不存在升官发财的心理，只知道做救国救民的事业。"孙中山还宣布训词："三民主义，吾党所宗，以建民国，以进大同。咨尔多士，为民前锋，夙夜匪懈，主义是从。矢勤矢勇，必信必忠，一心一德，贯彻始终。"

据记载，在孙中山决定创办一所新型军校之后，众人对军校的选址争论颇多。1924年1月28日，孙中山在宣布军校筹委会名单的同时，择定以广州近郊黄埔长洲岛原广东陆军学校和广东海军学校旧址为陆军军官学校校址。

选址黄埔长洲岛，体现了孙中山高明的战略眼光。黄埔长洲岛位于珠江中央，四面环水，环境幽静。岛内筑有多处炮台，与鱼珠炮台、沙路炮台形成三足鼎立之势，易守难攻，便于学习与练武。而且，黄埔长洲岛交通不便，远离市区，能有效地避开军阀的控制和干扰。岛上原有清陆军小学堂的校舍，略加修葺，即可使用，可以节省人力和资金。

军校大门坐南向北，面临珠江，门口曾有一副对联"升官发财请往他处，贪生畏死勿入斯门"，横批"革命者来"，在孙中山逝世后，对联改为了他的遗嘱："革命尚未成功，同志仍须努力。"

黄埔军校得天独厚的地理位置不仅有利于培养军事人才，在军事上也处于有利地位，成为黄埔军校师生的大本营。

　　黄埔军校大部分建筑物在1938年被日军飞机炸毁。1965年，经过修缮，军校基本恢复原貌。1984年，黄埔军校旧址纪念馆建立。1996年，广州市政府按国家文物局批复的"原位、原尺度、原面貌"原则将其重建。

　　黄埔军校旧址纪念馆现包括军校正门、校本部、孙总理纪念碑、中山故居、俱乐部、游泳池、东征烈士墓、北伐纪念碑、济深公园、教思亭等十几处建筑。纪念馆内革命气氛浓烈，无论在花厅、走廊、操场，还是在讲堂、饭厅，到处都能看到醒目的"碧雨春秋""卧薪尝胆""精神不死""艰苦卓绝，完成革命"等标语和楹联，令人备受鼓舞。

黄埔军校的最大特点是把政治教育提到和军事训练同等重要的地位，注重培养学生的爱国思想和革命精神，这是它同一切旧式军校根本不同的地方。1924年11月，刚从欧洲归国不久，任中共广东区委委员长的周恩来出任黄埔军校政治部主任，对军校的政治工作和政治教育作出了重要贡献。从严格意义上说，中国共产党从事军事活动是从黄埔军校开始的，并由此"开始懂得军事的重要"。

黄埔军校为国共两党培养了大批优秀的军事政治人才，被誉为"将帅的摇篮"，在中国现代革命史上有着深远的影响和重要的作用，也是世界著名军校之一，在全国乃至海外都享有较高的知名度和影响力。

黄埔军校诞生于风雷激荡的大革命时期，是第一次国共合作的产物，蕴藏着丰富的历史文化资源，尤其具有红色文化和军事文化特色。为给参观者提供一个生动和丰富的军校体验之旅，纪念馆逐渐形成基本陈列、专题陈列、旧址复原三位一体的展示形式，尽可能全面而立体地展示黄埔军校的历史面貌。

导航小卡片	
地　　址	广州市黄埔区军校路170号大院
服务电话	020-82201082
开放时间	校本部：9:00—18:30 孙总理纪念室：9:00—17:00 孙总理纪念碑：9:00—17:00 周一闭馆
票务信息	免费（凭身份证领取免费参观票）
网　　站	www.hpma.cn
微信公众号	黄埔军校WhampoaMilitaryAcademy

★ 保家卫国

三元里人民抗英斗争纪念馆

三元里人民抗英斗争，是近代中国人民自发保家卫国、反抗侵略者所取得第一场胜利的战斗，对中国人民反帝反封建斗争产生了深远影响，为中国近代历史谱写了辉煌而重要的第一页！

古庙誓师

1840年6月，英国发动了侵略中国的鸦片战争。次年5月，英军在广州西村泥城码头登陆，侵占了广州城北各炮台，并以四方炮台（遗址在今越秀公园蟠龙岗）为司令部，向广州城内开炮。1841年5月27日，新到任的靖逆将军奕山、广州知府余保纯与英国签订《广州和约》（又称《广州停战协定》）。清政府同意向英军交纳600万银元赎城费、30万银元英商馆赔偿费、奕山率兵退驻广州城60里外，英军归还所夺炮台和退出虎门。和约签订后，奕山还在城内多处张贴"息兵"告示，不让老百姓与英军对抗。

英军占领广州城北各炮台后，荼毒四乡，奸淫掳掠，甚至盗坟掘墓，无恶不作。面对国恨家仇，广大民众无比愤恨。1841年5月29日，一股英军闯入三元里村口东华里抢劫、骚扰乡民，遭到乡民痛击。乡民打死英军八九名，并将其尸体投入东华里外的猪屎坑内。事后，三元里乡民料定英军必来报复，立即聚集在三元古庙前旷地，商议并誓师抗敌。他们取出庙内的三星旗为指挥令旗，共同宣誓："旗进人进，旗退人退，打死无怨。"随后，三元里乡民通过各乡社学、士绅（萧冈举人何玉成、元下田监生王韶光等人）广发飞柬联络了广州北郊103乡民众前往牛栏岗（现今机场路松云街内）会盟，共商杀敌大计。

1841年5月30日清晨，乡民按计划行事，大部分队伍隐蔽埋伏于三元里村以北的牛栏岗四周，静候英军的到来；另一小队则佯攻四方炮台，将英军引至牛栏岗。

趾高气扬的英军根本不把佯攻的乡民放在眼内，一路追赶着乡民，进入了牛栏岗包围圈，埋伏的乡民一见英军，立即敲锣打鼓从四面八方一起杀出，与英军展开生死搏斗。广州北郊各乡人民手持各种农具、冷兵器，身披蓑衣，头戴斗笠，在锣鼓声中勇猛追击英军。正午时分，忽然乌云涌起，雷声鸣动，暴雨倾盆而下，英军手中的火药枪被雨水淋湿，无法正常射击，另外英军所穿的长筒军靴容易陷入泥水当中，行动不便。乡民在天时、地利、人和的优势下重重包围英军，致英军伤亡数十人，狼狈逃回四方炮台司令部。牛栏岗之役取得了伟大胜利。

30日晚，三元里乡民会合从南海、番禺、花县等各地赶来的共400多个乡的数万名义勇将四方炮台英军司令部包围得水泄不通，誓要夺回炮台。经过一夜的包围，31日，英军司令官卧乌古只能向广州知府余保纯求助。在清政府官员干涉下，包围炮台的民众逐渐散去，英军得以解围，后于6月初提早离开了广州，并且在第一次鸦片战争期间，没有再到广东地区进行侵扰。

　　三元里抗英斗争是近代中国人民第一次自发组织起来反抗外来侵略者，并取得了伟大胜利。为纪念三元里人民保家卫国的爱国精神，广州市人民政府在1958年对三元古庙进行修缮，辟为三元里人民抗英斗争史料陈列馆；1961年3月，以"三元里平英团旧址"之名成为国务院公布的第一批"全国重点文物保护单位"，并排在第一号，被称为"国保一号"。1972年，著名的考古学家郭沫若为本馆题名"三元里人民抗英斗争纪念馆"。

　　始建于清初的三元古庙，历经多次重修。古庙隐蔽而狭小，散发着古雅之气。院子中两尊锈迹斑斑的铁炮，静静地安坐在水泥台上，成为鸦片战争的见证物。纵然古庙周边的建筑，早已跨越历史融入现代文明，但古庙里静静摆放的枪炮和旗帜，依然在旧地将历史凝结……

导航小卡片	
地　　址	广州市白云区广园中路34号
服务电话	020-86578325
开放时间	9:00—17:30，周一闭馆
票务信息	免费

★ 伟大开端
广州起义纪念馆

广州起义纪念馆是为纪念1927年中国共产党在广州领导的工农武装起义，以广州公社旧址为馆址而建立的纪念性博物馆。

广州是大革命的策源地和中心地。1927年，蒋介石、汪精卫相继叛变革命，大革命遭到失败。为了反击国民党反动派的血腥屠杀，中共广东省委根据中共中央指示，在广州举行大规模武装起义。起义军建立了中国第一个城市苏维埃政权——广州苏维埃政府，公开打出了"工农红军"的旗号，开创了城乡配合、工农兵联合举行武装起义的先例，在华南的政治、经济、文化中心树起了一面鲜红的旗帜。由于敌强我弱，广州起义最后失败，但它与南昌起义、秋收起义以及其他地区的武装起义一起，成为中国共产党独立领导革命战争和创建人民军队的伟大开端。

广州起义纪念馆馆址最早为清末广东警务公所。辛亥革命后，改为广东省会警察厅、广州市公安局。广州起义时在此成立了广州苏维埃政府。1961年被公布为全国重点文物保护单位。1987年辟为广州起义纪念馆。文物建筑包括：门楼、广州苏维埃政府办公楼（现称为中楼）、警卫连连部和库房（现称为南楼）、工农红军指挥部（现称为北楼）、拘留所（现为文物库房），总占地面积6700平方米。

张太雷烈士家书手迹

近年来，广州起义纪念馆相继与周边学校和相关单位建立了共建共享机制，开展革命文化及红色文化进校园活动等常态化工作，开展红色主题沉浸式话剧、红色主题音乐会、木偶剧、沉浸式研学、深度讲解等一系列社会教育活动，同时把展览送到学校、机关团体进行巡回展出。2020年，广州起义纪念馆的改造提升工作启动，包括对旧址建筑进行维修、周边环境改造及消防改造等。2021年，基本陈列展新方式的提升改造启动，广州起义纪念馆成为一个全面展现广州红色资源，塑造广州红色旅游资源新形象的展示地。

导航小卡片	
地　　址	广州市越秀区广州起义路200号之一
服务电话	020-83341321，020-83349954
开放时间	9:00-17:30，周一闭馆
票务信息	免费
微信公众号	近代广州
网　　站	www.gemg1959.cn

★ 跨海长虹

港珠澳大桥

2018年10月23日，习近平总书记宣布大桥正式开通并巡览大桥，他指出：港珠澳大桥是国家工程、国之重器，体现了一个国家逢山开路、遇水架桥的奋斗精神，体现了我国综合国力、自主创新能力，体现了勇闯世界一流的民族志气，这是一座圆梦桥、同心桥、自信桥、复兴桥。

世界之最

　　港珠澳大桥是在"一国两制"框架下、粤港澳三地首次合作建设的超大型跨海交通工程，2009年12月正式开工建设，总长约55千米，是世界总体跨度最长、钢结构桥体最长、海底沉管隧道最长的跨海大桥，也是公路建设史上技术最复杂、施工难度最高、工程规模最庞大的桥梁。

港珠澳大桥主体工程集桥、岛、隧于一体，面临诸多世界级技术挑战，包括海中快速成岛、隧道基础处理与沉降控制、隧道管节沉放对接、大规模工厂化制造、海上埋置式承台施工、水下结构止水、超长钢桥面铺装、交通工程系统集成等。在近九年的建设时间里，全国各地的建设精英云集伶仃洋，不忘初心、牢记使命，历经艰苦卓绝的奋斗，用智慧和汗水浇注了这一举世瞩目的超级工程，在浩瀚伶仃洋上创造了中国桥梁建设的崭新诗篇。港珠澳大桥的建设过程，没有出现大的安全事故、质量事故和环境污染事故，做到了人与工程、环境和谐相处，实现了海上"三零"（零伤亡、零污染、零事故）和"白海豚不搬家"的既定目标。

　　港珠澳大桥的建成通车，创多项世界之最，体现中国基建力量，极大缩短香港、珠海和澳门三地间的时空距离。港珠澳大桥作为中国从桥梁大国走向桥梁强国的里程碑之作，被业界誉为桥梁界的"珠穆朗玛峰"，也被英国《卫报》评为"新世界七大奇迹"之一。

　　港珠澳大桥主体工程由三地共建共管，采用"港珠澳大桥专责小组—三地联合工作委员会—项目法人（大桥管理局）"三个层面的建设协调与决策管理机制，实现管理机制创新。

　　港珠澳大桥的建设涉及水文泥沙、地形地质、白海豚保护、防洪、防台和满足通航、海事、航空限高等复杂难题。大桥建设方开创性地提出了"全寿命周期规划，需求引导设计"的设计理念，"大型化、标准化、工厂化、装配化"的施工理念，"立足自主创新，整合全球资源，推行伙伴关系"的管理理念和"绿色环保，可持续性发展"的发展理念，四大理念指导工程实践，实现建设理念创新。

　　港珠澳大的建设始终坚持"项目来源于工程，研究依托于工程，成果应用于工程、服务于行业"的理念，项目创新工法31项、创新软件13项、创新装备31项、创新产品3项，申请专利454项。创新成果获得省部级特等奖3项、一等奖8项、二等奖3项，形成专著18本、技术标准60册，实现科技创新。

港珠澳大桥在建设及营运过程中创造出丰硕的文化成果，包括纪录片《超级工程》，纪录电影《港珠澳大桥》，交响乐《梦桥》，报告文学《中国桥》、《虹起伶仃》、《工地书记》等文化精品，展现了林鸣、管延安等一批具有广泛知名度的大国工匠和劳动模范的风采。其中纪录片《超级工程》在超过180个国家发行，创下央视纪录片国际发行纪录。港珠澳大桥在2014年、2019年、2020年曾作为央视五一特别节目和春节联欢晚会分会场。这些都展示了港珠澳大桥强大的文化生命力和社会影响力。

港珠澳大桥作为连接粤港澳三地的跨境大通道，在粤港澳大湾区建设中发挥重要作用，它被视为粤港澳大湾区互联互通的"脊梁"，有效打通了湾区内部交通网络的"任督二脉"，促进人流、物流、资金流、技术流等创新要素的高效流动和配置，推动粤港澳大湾区建设成为更具活力的经济区、宜居宜业宜游的优质生活圈和内地与港澳深度合作的示范区，打造国际高水平湾区和世界级城市群。

导航小卡片	
地　　址	珠海市香洲区横龙路368号
服务电话	0756-2191999
交通信息	东起港珠澳大桥香港口岸，接北大屿山公路和机场路，向西途经珠江口伶仃洋海域至珠海澳门口岸人工岛分岔出珠海连接线和澳门连接线。其中，珠海连接线西端同时衔接珠江三角洲地区环线高速公路（国家高速G94）南环西段和广澳高速（国家高速G4）南端，引入全国高速公路网
开放时间	全天
票务信息	0756-2191999
网　　站	https://www.hzmb.org
微信公众号	港珠澳大桥

★ "鲲龙"展翅

航空工业AG600飞机总装生产线

> 航空工业AG600飞机总装生产线是用于我国大型水陆两栖飞机"鲲龙"AG600总装任务的生产线，是我国唯一可对公众开放的特种大飞机生产线。

　　航空工业通飞华南公司AG600飞机总装生产线，集大飞机总装生产过程参观学习、航空科普知识研学、航空文化传播、爱国主义教育功能于一体，全面展示我国自主研制的大型水陆两栖飞机的研制历程。

　　2018年10月20日，AG600飞机实现水上首飞后，习近平总书记向研制团队发来贺电，鼓励研制全线"继续弘扬航空报国精神，切实贯彻新发展理念，奋力推动创新发展，再接再厉，大力协同，确保项目研制成功，继续为满足我国应急救援体系和国家自然灾害防治体系建设需要、实现建设航空强国目标而奋斗"。总书记嘱托催人奋进，新一代航空人立足南粤大地，坚持自主创新，埋头苦干，自觉将总书记的鼓励和鞭策转化为加速项目研制工作的根本遵循和强大动力，努力为国家应急救援体系和自然灾害防治体系建设提供重大航空装备贡献力量，奋进的精神、力量、荣耀、使命，融汇在AG600型号中，与党和国家、与航空工业一起，在南粤大地，散发光辉！

AG600飞机总装生产基地以航空工业通飞华南公司厂区为主体，设有航空文化、总装生产、科普研学三大展示区。其中，总装生产展示区内设有参观专用的空中玻璃长廊，游客可近距离参观大型水陆两栖飞机总装生产过程中的全部6个站位，全方位了解大型水陆两栖飞机数字化装配过程，深层次感受大国重器的科技力与创新力。

　　AG600飞机总装生产基地以"矢志不渝的爱国情怀""情系海天的报国精神""竞飞苍穹的强国之志"为展示主线，重点展示航空工业和水上飞机发展历程，突出展现中国航空工业历史中涌现出的航空英模，如中国第一位飞机设计师冯如、航空报国英模罗阳、中国航空发动机之父吴大观、水上飞机之父王洪章等，引导参观者从航空人的奋斗故事中感悟忠诚奉献、逐梦蓝天的航空报国精神，铭记一辈辈航空人报国强国的事业追求与人生航向。

　　2016年9月至今，基地共接待中小学生3万余人次、机关企事业单位100余家，开展活动120余场，其中模拟飞行体验、直升机飞行表演、航模手工制作和航空科普小实验等独家航空特色活动引起热烈反响，为提升航空工业社会影响力、培养青少年探索航空领域科学知识兴趣发挥了积极作用。

导航小卡片

地　　址	珠海市金湾区金海中路999号中航通飞华南飞机工业有限公司
服务电话	0756-3975603
开放时间	周二至周日9:00-16:00，周一闭馆
票务信息	免费

叶剑英元帅纪念园

一代儒帅叶剑英，马背吟咏，剑余为诗，在严峻的考验面前，他总将党和人民的利益放在首位，坚决与一切危害党和人民利益的行为作斗争，表现出伟大的革命气魄和高超的斗争艺术。

戎马半生

1897年4月28日，叶剑英出生于广东梅县雁洋堡一个小商人家庭。从青年时代起，叶剑英就立志追求真理、救国救民。他投身于孙中山领导的民主主义革命，成为国民革命军的名将。后来他从斗争实践中认识到，只有马克思列宁主义和中国共产党才能救中国。1927年，在蒋介石和汪精卫相继背叛革命、大批共产党人惨遭杀害的严峻时刻，他毅然通电反蒋，加入中国共产党，由一个爱国的民主主义者转变为共产主义者。从此他对共产主义理想坚信不移，奋斗终生。

叶剑英为实现中华民族的独立和中国人民的解放建立了光辉业绩。在大革命失败后的白色恐怖中，他坚定机敏地策应南昌起义的组织准备工作，参加领导广州起义。在中央苏区和长征途中，他拥护毛泽东的正确路线，机智勇敢地同分裂红军、危害党中央的阴谋作斗争，为党中央和红军胜利北上立了大功。毛泽东后来曾多次称赞叶剑英在关键时刻"救了党，救了红军"。

　　红军到达陕北后，他协助周恩来，促成西安事变的和平解决。抗日战争爆发后，他先后到多地参加党的领导工作，回到延安军委总部后，又协助毛泽东、朱德指挥我军对日作战。

　　解放战争时期，叶剑英指挥解放广东和海南岛的战役，夺取了华南战场的最后胜利。

作为开国元勋，叶剑英在中华人民共和国成立后继续担任党、国家和军队的重要领导人，为社会主义建设事业殚精竭虑，深受全党、全军和全国人民的爱戴与敬重。1955年，他与朱德、彭德怀等人同时被授予元帅军衔，并称"十大元帅"。

"文化大革命"期间，他坚决同林彪、江青反革命集团作斗争，为维护军队和全国的稳定，奋不顾身，顽强努力。1976年，叶剑英同中央其他领导同志一起，代表党和人民的意志，一举粉碎了江青反革命集团，从危难中挽救了党、挽救了国家。在这场斗争中，他起了决定性的作用。

叶剑英排除阻力，坚决主张请邓小平、陈云等老一辈革命家立即出来担任党和国家的领导工作，坚决主张平反一切冤假错案，坚决支持关于真理标准问题的讨论，为党的十一届三中全会确立正确的路线方针政策，实现党和国家工作的伟大历史性转折，作出了重要贡献。

叶剑英所作的"矢志共产宏图业，为花欣作落泥红"的诗句，是他不懈奋斗的光辉一生的真实写照。

元帅诗人

素有"元帅诗人"美称的叶剑英，驰马纵横沙场可以威震四海，挥毫作诗更显铁骨柔肠。1980年5月，已经83岁高龄的叶帅回到老家探访亲友和故居。当他走进自己出生的房间时，触景生情，感慨万千，写下了一首诗："八十三载一瞬驰，木窗灯盏忆儿痴。人生百岁半九十，万丈霞光值暮时。"胸中豪情尽显其中。

如今，梅县区雁洋镇的叶剑英纪念园已成为到梅州的游客几乎必去之处，这里依山傍水，林木葱茏，韵味十足。纪念园由叶帅故居、叶家宗祠、叶剑英纪念馆、纪念广场、入口广场、题壁广场、诗林广场等系列景观组成。

叶剑英纪念馆坐东北朝西南，分四个图片资料展室和一个实物展室，陈列展览大量珍贵的照片、手稿、题词、文献等，展示了叶剑英光辉的一生和崇高的革命风范。叶帅故居与纪念馆相连，是一座普通客家农舍，故居房间内保存原有的农具、家具，真实地展现出过去的生活原貌，让游客可以深入了解和体会叶剑英少年时期的生活轨迹。

导航小卡片

地　　址	梅州市梅县区雁洋镇雁上村
服务电话	0753-2827395，2827869
开放时间	9:00—17:00
票务信息	免费
网　　站	www.yjyjny.org.cn

★ 丰碑永高耸

三河坝战役烈士纪念碑

三河坝战役是南昌起义的延续，是中国共产党早期探索人民军队战略战术的重要实践，在人民军队创建史和中国革命史上都有着重大而深远的影响。

1927年8月，中国共产党在南昌独立领导革命武装，打响反抗国民党反动派的第一枪后，叶挺、贺龙、朱德、刘伯承等率部跟随中共前敌委员会书记周恩来实施中共中央预定的"南征"决策，南下广东创建革命根据地。

9月上旬，起义军进入福建后，周恩来在闽西汀州再度召开军事会议，对入粤作出了叶（挺）、贺（龙）部"在潮汕、海陆丰建立工农政权"；朱德率领第十一军第二十五师及第九军军官教育团四千多人进驻大埔县三河坝，阻击尾追之敌，掩护主力南下分兵的决策。

起义军进入三河坝不久，蒋介石嫡系第三十二军两万余人，从梅县松口一带挺进三河坝，妄图消灭朱德所率的留驻部队。朱德等获此情报后，认真观察了有"得此控闽赣，失此失潮汕"之称的三河坝地形，发现汇城位于韩江之西，国民党军队进犯时，起义军将背水作战，极其不利，遂命令部队移师东岸，占领有利地形，挖掘战壕，构筑工事。

　　1927年10月1日，钱大钧部主力抵达三河坝后，占领汇城及北面制高点神坛岽、南门坪与旧寨一带，强夺民船20余艘，在猛烈炮火的掩护下攻打起义军。起义军充分利用隔江的优越条件，制定"半渡而击"的战术，与多于10倍的国民党军恶战三天三夜，紧紧地钳制了钱大钧部，胜利完成了中央交给的阻击掩护任务。为保存有生力量与潮汕主力会合，朱德等及时作出"次第掩护，逐步撤退"，东撤饶平的决策，并与周士第、李硕勋组成前敌委员会，组织转移，最后保留了宝贵的革命军事火种，穿山西进，直奔湘南，于1928年4月，与毛泽东率领的秋收起义部队在井冈山胜利会师，组建了红四军，巩固、扩大井冈山革命根据地，探索出"农村包围城市"的伟大实践。

三河坝战役是"八一"南昌起义军实现革命战略和军事战略转移、开辟中国革命新道路的重要转折点。三河坝战役奠定了井冈山会师的基础，参加过南昌起义的萧克将军后来评价说："没有三河坝战役，就没有井冈山会师！"

如今登上笔枝尾山，一座高15米的烈士纪念碑静静耸立在山顶。由朱德书写的"八一起义军三河坝战役烈士纪念碑"15个正楷鎏金大字，在阳光的照射下，格外耀眼。

导航小卡片

地　　　址	梅州市大埔县三河镇汇东村八一路1号
服务电话	0753-5400011
开放时间	8:30—17:30
票务信息	免费

★ 铁骨雄风

叶挺纪念馆

叶挺将军是惠州市惠阳区周田村人，伟大的无产阶级革命家、军事家，中国人民解放军创建人之一。叶挺纪念馆是全国唯　全面展示叶挺将军生平事迹的纪念馆。

卓著勋劳

　　叶挺将军纪念园由叶挺纪念馆（新馆）、叶挺故居、育英楼（抗战主题馆）、腾云学堂（私塾展示馆）、练武堂（客家民俗馆）等主题展馆和百米将军诗廊（位于将军路）、浩气千秋广场（北伐名将卷轴、抗日英雄雕像、囚歌景墙）、将军之路、纪念广场、心湖、清风林景区、荷池、将军林等组成。

　　纪念园四面环山，东门河从前方蜿蜒流过。

园内的叶挺纪念馆是全国爱国主义教育示范基地，馆名由叶剑英元帅题写，纪念馆正中大厅是叶挺的半身石像。纪念馆以"三军可夺帅，匹夫不可夺志"为主题，全面展现叶挺将军曲折坎坷但伟大悲壮的一生，歌颂叶挺将军为党和人民立下的不朽功勋和热爱祖国、追求光明正义，对人民和革命事业无限忠诚、无比坚定、无比勇敢，临大难而不惧、临大节而不苟的崇高品格。

叶挺于1896年9月10日生于一个农民家庭。青年时期就读于保定军官学校，学习军事理论。1921年任孙中山大本营警卫团第二营营长，负责拱卫总统府安全。

当军阀陈炯明叛变时，叶挺率领部下英勇反击，击退数倍于己的敌人，保护了孙中山及其家人的安全。1924年，叶挺加入中国共产党，由信仰三民主义转而信仰共产主义。

1926年北伐战争开始，叶挺率领的独立团开赴前线，在汀泗桥和贺胜桥的战斗中建立了赫赫功勋，成为百战百胜的先锋队，为它所在的国民革命军第四军赢得了"铁军"称号。

轰轰烈烈的大革命失败后，1927年8月1日，叶挺与周恩来、贺龙、朱德、刘伯承等领导南昌起义，向国民党反动派打响了第一枪，叶挺任前敌总指挥兼第十一军军长。南昌起义后，叶挺、张太雷等领导发动了广州起义，叶挺出任起义军事总司令。广州起义失败后，叶挺流亡欧洲，与党失去了联系。

抗日战争爆发后，叶挺满怀爱国热情，来到上海，请缨杀敌，报效祖国。他在上海偶遇周恩来，得知南方红军游击队将要改编。根据周恩来的建议，叶挺找到正在上海指挥作战的国民党第三战区前敌总指挥、老同学陈诚等人，表示愿意参加南方红军游击队的改编工作。他还建议改编后的番号为国民革命军新编第四军，以继承铁军的光荣传统。

1937年12月25日，叶挺和项英在武汉召开新四军军部干部大会，宣布新四军成立。叶挺就任新四军军长时，曾请郭沫若给他写过两句话："三军可夺帅，匹夫不可夺志"。叶挺带领的新四军战斗在大江南北，创建多个抗日根据地，屡建奇功。

1941年，皖南事变爆发，新四军遭国民党军重兵包围，叶挺指挥部队奋起突围，浴血奋战八昼夜，在与国民党军交涉时被扣押，入狱五年。周恩来在《新华日报》上题词："千古奇冤，江南一叶，同室操戈，相煎何急！" 1946年3月4日，经中共中央多方面的努力，叶挺重获自由。他出狱后第二天即电告中共中央，请求重新加入中国共产党。中共中央、毛泽东主席电告叶挺，以"亲爱的叶挺同志"相称，批准其加入中国共产党。1946年4月8日，叶挺乘飞机由重庆回延安，飞机在山西兴县黑茶山附近失事，叶挺遇难身亡。

周恩来评价叶挺："你是人民队伍的创造者。北伐抗战，你为新旧四军立下了解放人民的汗马功劳。十年流亡，五年监牢，虽苍白了你的头发，但更坚强了你的意志。"毛泽东曾称叶挺是"共产党的第一任总司令，人民军队的战史要从你写起"。

导航小卡片

地　　址	惠州市惠阳区秋长街道周田村
服务电话	0752-3370685
开放时间	09:00—17:00，周一闭馆
票务信息	免费
微信公众号	叶挺将军纪念园

★ 农民运动发源地
海丰红宫红场旧址纪念馆

在中国共产党及彭湃同志的领导下，海丰建立的第一个农会、创建的全国第一个县级苏维埃政权都与红宫红场有着密切的联系。

红宫原为孔庙，始建于1379年。1927年10月，海丰人民在中国共产党的领导下，武装夺取了政权；11月18日至21日，在孔庙召开了海丰工农兵代表大会，会场外墙刷以红色，场内用红布盖壁裹柱，会上宣布了中国第一个工农红色政权——海丰苏维埃政府成立。孔庙从此改称为红宫。

红场毗邻红宫，原名东仓埔，1927年12月1日，海丰人民在这里举行了有五万多人参加的庆祝县苏维埃政府成立大会，彭湃在会场大门上亲笔题写"红场"两字，红场从此得名。1928年春，红二师、红四师部队与海丰工农革命军在这里会师。

红宫红场为对外开放的公园式纪念故址，主要建筑物有棂星门、拱桥泮池、前殿、大成殿、两厢配殿、五代祠、红场大门、彭湃铜像、红台、红二师纪念亭、红四师纪念亭、平民医院旧址、镌刻党和国家领导人题词的碑廊等。

红场大门上装潢浮凸线条花纹图案，门额上浮塑彭湃亲笔题写"红场"两个大字，居中的图案是一个大五角星涂以黄色，气势雄伟，庄严肃穆。进大门可见彭湃烈士铜像，彭湃身着西装，两手叉腰，面部神情坚定自若。铜像的后面就是当时有五万多人参加的海丰县苏维埃政府成立庆祝大会的主席台——红台。1949年10月海丰解放后，于11月5日在红场举行有数万人参加的庆祝解放胜利大会。

由于红宫红场承载的重大历史事件在中国革命史上具有特别重要的地位，红宫红场成为后人寻觅先辈革命足迹的神圣殿堂，是"不忘初心，牢记使命"的精神丰碑。

导航小卡片

地　　址	汕尾市海丰县海城镇红场路13号
服 务 电 话	0660-6622370
开 放 时 间	9:00—17:30
票 务 信 息	免费

★ 虎门销烟

鸦片战争博物馆（虎门炮台）

林则徐销烟池与虎门炮台旧址是中国近代史开篇的重要见证，凝结着百年历史记忆。依托林则徐销烟池与虎门炮台旧址建成的鸦片战争博物馆，坐落在东莞市虎门镇，由虎门林则徐纪念馆、海战博物馆、沙角炮台管理所和威远炮台管理所组成，是一座纪念性和遗址性相结合的专题博物馆。

闭关锁国后的清朝逐步落后于世界大潮，但是在外贸中，却一直处于贸易顺差地位。为了扭转对华贸易逆差，英国开始向中国走私毒品鸦片，获取暴利。鸦片大量输入，白银不断外流，鸦片的泛滥极大地摧残了吸食者的身心健康。

1839年6月3日至25日，林则徐组织人员在虎门将收缴的英美烟商的鸦片共2376254斤当众销毁。西方列强以此为由发动了第一次鸦片战争，1842年8月29日，清政府与英国签订了中国近代史上第一个不平等条约——《南京条约》。

昔日销烟池

虎门林则徐纪念馆位于虎门镇解放路，管理的销烟池旧址是1839年林则徐销毁英美鸦片的历史遗存。

当年，林则徐命人在海滩上开挖水池两个，均为正方形，边长50余米，水池四周用钉板木桩加固，池底平铺石板防渗漏，并设有通海的涵闸，涨潮时把海水引入池中，退潮时把鸦片溶解后的残渣冲入海中。经过百余年的沧桑变化，曾经的销烟池已湮没，1973年经考古挖掘复原，2000—2001年销烟池又进行了全面的修复。

海战记忆

海战博物馆坐落在东莞市虎门镇威远岛南面社区，背山面海，包括陈列大楼、宣誓广场、观海长堤，是一座全面展示鸦片战争历史的专题性博物馆。基本陈列"鸦片战争"，以全新的视角展示了鸦片战争这一反映中国历史转折的重大事件，具体介绍了鸦片战争前的中西世界、第一次和第二次鸦片战争的全过程以及鸦片战争给中国社会带来的影响。

    沙角炮台管理所位于虎门镇沙角社区，负责管理沙角门楼、濒海台、临高台、捕鱼台和节兵义坟等旧址，同时陈列了抗英大炮、克虏伯大炮等文物。沙角炮台是目前我国保留较为完整的清代炮台之一，是瞻仰炮台雄风、凭吊英雄忠魂的得天独厚的好场所。在虎门缴烟时，林则徐曾偕同邓廷桢亲赴沙角炮台调度，收缴鸦片。在鸦片战争中，陈连升副将与守台将士在炮台谱写了许多感人肺腑的英雄壮歌。

　　威远炮台管理所位于虎门镇威远岛上，负责管理威远、镇远、靖远、南山、蛇头湾与鹅夷等炮台旧址。这些炮台雄踞珠江口岸，依山傍水，布局严密，气势宏伟。1841年2月，民族英雄关天培坐镇靖远炮台指挥官兵与英军激烈战斗，最后壮烈殉国。威远炮台群在鸦片战争及后来抵御外国侵略的战争中均发挥了重要作用，也历经了屡次的破坏与重修。

导航小卡片	
地　　址	虎门林则徐纪念馆：东莞市虎门镇解放路113号 海战博物馆：虎门镇威远岛南面社区 沙角炮台管理所：虎门镇沙角社区 威远炮台管理所：虎门镇威远岛南面社区
服务电话	0769-85512065
开放时间	8:30—17:30
票务信息	免费
网　　站	www.ypzz.cn
微信公众号	鸦片战争博物馆

★ 革命先行者

孙中山故居纪念馆

作为20世纪中国伟大的民族英雄、伟大的爱国主义者、中国民主革命的伟大先驱，孙中山开创了完全意义上的中国近代民族民主革命，结束了在中国延续两千多年的君主专制制度，创建了中国乃至亚洲第一个共和国，奠定了辉煌的历史里程碑，为中华民族作出了彪炳史册的贡献。他为追求民族独立、民主自由和民生幸福贡献了毕业精力。

呕心沥血救中国

　　孙中山于1866年11月12日出生在广东省香山县（今中山市）翠亨村。他童年时代向往太平天国革命，青年时代在澳门、香港借行医为掩护，开展挽救民族危亡的政治活动。1894年，他上书李鸿章，提出革新政治主张遭拒后，他认识到只有革命推翻清政府，才能救中国。于是，孙中山赴美国檀香山联络华侨，宣传革命，组织建立中国革命团体——兴中会。

　　后来孙中山两次策划革命起义未果，只能暂时避身海外继续开展革命活动。1905年，孙中山在日本领导兴中会，联合华兴会和光复会等革命团体组成资产阶级革命政党——中国同盟会，被选为总理，制定"驱除鞑虏，恢复中华，建立民国，平均地权"的政治纲领，他首次公开提出三民主义，要求实现民族独立，建立共和国。此后，他首次提出以资产阶级民主共和国取代腐朽专制的清王朝的革命目标，并多次尝试武装起义，积累了丰富的革命经验。

辛亥革命摧枯朽

　　1911年10月10日，孙中山领导的中国同盟会及其他革命团体，依靠会党和新军力量在武昌起义，并迅速获得成功。各省纷纷响应，进而掀起席卷全国的革命风暴，终于推翻清王朝，建立了中华民国。1912年1月1日，孙中山在南京就任中华民国第一任临时大总统。

　　辛亥革命后，历经"讨袁""护法"和"北伐"，孙中山改组国民党，在广州重建大元帅府，召开中国国民党第一次全国代表大会，实行联俄、联共、扶助农工的三大政策，把旧三民主义发展成为新三民主义，创办黄埔军校，镇压叛乱，后应冯玉祥邀请扶病北上共商国是。1925年3月12日逝世于北京。

　　孙中山在从事革命活动的时候，并没有把眼光局限在国内。在海外流亡16个年头中，他与日本、菲律宾、越南、朝鲜、缅甸等国的革命志士建立了广泛联系，对这些被压迫民族争取独立和解放的斗争表示了极大的同情和支持。早在1897年，他在谈到其革命动机时就表示要与亚洲被压迫民族一起，"为亚洲黄种，为世界人道，而兴起革命军"。

手栽幼苗已成荫

　　如今的翠亨村，村内林木葱茏、鸟语花香，游客不绝。坐落于此的孙中山故居是一幢红墙白纹的中西合璧式建筑，并设有一道围墙环绕庭院。房屋由孙中山亲自设计，上下两层，砖木结构，楼房上层有七个赭红色装饰性拱门。屋檐正中饰有光环的灰雕，环下雕绘一只口衔钱环的飞鹰。正门一副对联："一椽得所，五桂安居。"这是楼宇落成后孙中山亲笔撰写。孙中山的书房里，挂着他17岁时英气勃发的照片。1893年，他就是在这间书房里写下《上李鸿章》书，提出"人能尽其才，地能尽其利，物能尽其用，货能畅其流"的主张。

复原后的围墙正门外南侧有"全国重点文物保护单位孙中山故居"石刻牌匾。故居正门南侧有宋庆龄手书"孙中山故居"木刻牌匾。故居旁边是孙中山纪念馆。在这里，除了能完整地了解孙中山倾注了一生心血的革命历程外，还能见到他"驱除鞑虏，恢复中华，建立民国，平均地权"的亲笔题词和首次刊发三民主义思想的重要文献。

庭院前的大榕树下，是孙中山童年时代聆听太平天国将领反清故事的地方。庭院南边，栽植的一株酸子树（下图），是孙中山从檀香山带回种子并亲手培育栽种的。1931年，酸子树被强台风刮倒，枝干折断，周围的须根不复存在。让人惊喜的是，吃地三尺的主根又重新发芽，焕发生机，主干在距离树根数米处，断枝生新芽，撑起一片绿荫，犹如一条枕地而卧的巨龙。郭沫若于1961年3月参观孙中山故居时曾赋诗一首："酸豆一株起卧龙，当年榕树已成空。阶前古井苔犹活，村外木棉花正红……"

导航小卡片	
地　　址	中山市南朗镇翠亨村
服务电话	0760-85501691
开放时间	9:00—17:00（国家法定假期照常开放，全年无休）
票务信息	免费
网　　站	www.sunyat-sen.org
微博名称	翠亨孙中山故居纪念馆
微信公众号	孙中山故居纪念馆

★ 铁军雄风

叶挺独立团团部旧址纪念馆

作为中国共产党最早领导的武装部队，叶挺独立团在北伐战争中始终冲锋在前，战无不胜，为国民革命军第四军独立团赢得"铁军"称号。叶挺独立团团部旧址纪念馆位于肇庆市阅江楼，馆名由朱德亲笔题写。

阅江楼下练铁军

肇庆市西江河畔的阅江楼，始建于明代，筑于高约8米的山冈上，是典型的岭南四合院式建筑群。它坐北向南，南临西江，楼台高耸，重檐飞阁，蔚为壮观，"江楼晚眺"是肇庆八景之一。

1925年11月21日，中国共产党掌握的第一支正规革命武装——叶挺独立团在此地成立。独立团全团2000余人，大部分士兵是共产党员、共青团员和坚决拥护共产党的革命青年。独立团番号本为国民革命军第四军独立团，由于团长是共产党员叶挺，故通称"叶挺独立团"。独立团开展严格的军事政治训练，积极参与了各项社会活动，宣传革命思想，维护社会秩序，打击反动地主和土匪武装，大力支援了西江地区的农民运动，使西江地区的农民运动进入了全盛时期。1926年5月，叶挺独立团奉命担任北伐先遣队，在北伐战争中屡建奇功，为国民革命军第四军独立团赢得了"铁军"的光荣称号。叶挺被公认为"北伐名将"。1927年8月1日，叶挺与周恩来、贺龙、朱德、刘伯承等一起，发动举世闻名的南昌起义，打响了武装反抗国民党反动派的第一枪。此后，叶挺独立团的部分官兵又参加了秋收起义、广州起义和井冈山会师，开创了中国共产党独立领导革命武装斗争的新时期。独立团留存的火种走上井冈山后，在历次战斗中不断发展成长，成为中国共产党武装力量的骨干。

纪念馆设"叶挺独立团场景复原陈列",以史实、史料为依据,参考叶挺独立团驻肇期间的相关历史资料,设置四个场景,分别是东楼:叶挺独立团政治处、参谋处,南楼:会议室(支部活动室),西楼:干部宿舍,北楼:士兵宿舍,力求再现叶挺独立团将士驻肇期间的生活和工作的环境氛围。

纪念馆还设"铁军雄风——叶挺独立团史迹陈列",围绕叶挺独立团在肇庆的建立和后来发展的历程,分"肇庆建团""军政活动""援助农运""北伐先锋""薪火相传""将星璀璨"六个部分,通过历史照片、文物、场景、雕塑、绘画、模型、电视专题片等形式,展现叶挺独立团的光辉战斗历程。

导航小卡片	
地　　　址	肇庆市端州区正东路2号
服务电话	0758-2282326
开放时间	周二至周日9:00—17:00,周一闭馆
票务信息	免费
微信公众号	肇庆市博物馆

★ 从此风雷遍九陔

"八一"南昌起义南下部队
指挥部军事决策会议旧址

"八一"南昌起义南下部队指挥部军事决策会议旧址位于揭阳普宁市流沙东街道新河东路，1927年10月，周恩来在这里主持召开了指挥部军事决策会议（也称流沙会议），作出了一系列重要部署，这次会议在中国革命史上具有深远影响。

南下潮汕

白房子、蓝窗户、红地砖……这座绿荫掩映下的灰砂瓦木房就是"八一"南昌起义南下部队指挥部军事决策会议旧址所在，它位于普宁流沙的繁华地带。这里原是基督教堂，建于清末，新中国成立后辟为革命纪念馆并对外开放，简称为"八一"纪念馆，是向群众进行革命传统教育的基地。

1927年"八一"南昌起义后，南下部队于9月24日进入潮汕，再次分兵驻汕头、潮州，历时七天，建立了革命政权，当地民众称之为"潮汕七日红"。作战部队驰赴揭阳汾水地区抗击前来"追剿"的国民党军队两万余人，至9月30日，起义军寡不敌众，向普宁流沙方向转移。

流沙会议

起义军贺龙、叶挺部队分别撤离汕头、潮州、揭阳等地。 10月1日，起义军贺龙、叶挺部队由揭阳炮台镇过渡，经贵屿转道普宁流沙镇，准备向海陆丰方向转移。10月2日至3日，中共前敌委员会和革命委员会等"八一"南昌起义的领导机关和中共中央、广东省委部分领导人及南昌起义主要军事指挥员在流沙会合，周恩来等领导人驻流沙基督教堂。

10月3日，由中共前敌委员会书记周恩来主持，在流沙基督教堂侧厅召开指挥部军事决策会议。参加会议的有李立三、恽代英、彭湃、张国焘、谭平山、贺龙、叶挺、刘伯承、聂荣臻、郭沫若、林伯渠、吴玉章、徐特立等。会议从政治上和军事上总结南昌起义以来的经验教训，贯彻中共中央"八七"会议精神，作出"丢掉国民党革命委员会的旗帜，打出苏维埃的旗帜，搞土地革命，武装人员撤往海陆丰与当地武装结合，领导人员撤离战区转香港、上海另行分配工作"等重大决策。流沙会议是南昌起义军的最后一次军事决策会议，作出了适合当时情况的决策，保留了一批革命领导干部和武装力量，为以后的全局斗争创造了有利条件。

　　流沙会议后，南昌起义的革命火种从此撒遍全国，燃起了革命武装斗争的熊熊烈火。今天的流沙会议旧址的门口，聂荣臻元帅亲笔题书的碑匾金字闪闪发光；平房里，当年会议的桌椅摆设整齐有序；陈列厅前的天井，当年革命同志饮用过的水井依然保留原貌。旧址里还珍藏着南昌起义时使用过的地图、炮弹、刺刀、步枪、军帽和郭沫若的木箱，还有百余幅历史照片和图片等文物。

新中国成立后，流沙基督教堂易地重建，革命旧址得到人民政府的保护和修建，定为"八一"纪念馆。1965年夏，郭沫若重访流沙，亲临旧址，追述当年会议情况并挥毫题《革命纪念馆》诗一首："三十八年如转瞬，流沙胜地我重来。当时烽炬传千里，从此风雷遍九陔。正道沧桑凭掌握，新天日月费安排。而今美帝疯狂甚，纸虎须教化作灰。"1984年7月，85岁高龄的聂荣臻元帅为旧址亲题匾额："八一"南昌起义南下部队指挥部军事决策会议旧址。每年来自全国各地的参观者络绎不绝，成千上万。

流沙会议旧址已成为教育革命后代、启迪世人的好课堂，成为开展爱国主义教育的基地。

导航小卡片

地　　址	揭阳市普宁市流水大道东3—5号
开放时间	09:00—11:00 15:00—17:00
票务信息	免费

★ 生命之源
东江—深圳供水工程

> 东江—深圳供水工程（简称东深供水工程）是一项以供应香港供水为主要目标，同时担负深圳市和东莞沿线乡镇原水供应的跨流域大型引水工程。

香港缺乏湖泊、河流及地下水等天然水源，降雨量亦不足以维持饮用水供应。为了长远解决香港同胞用水困难，1963年下半年，经周恩来总理批准，由中央人民政府拨款3800万元兴建东深供水工程，引东江水济香港同胞。东深供水工程于1964年2月20日正式动工，1965年1月竣工，同年3月1日东深供水工程正式向香港供水。有了稳定供应的东江水后，1982年6月1日，香港政府解除了长达60年的限制用水法例，实现24小时供水。

为满足香港、深圳和东莞等地经济社会发展对用水的需求，在1974年至2003年间，粤方先后耗资近百亿对东深供水工程进行了三次扩建和一次全面改造。 一期扩建工程于1974年3月开始施工，1978年9月建成，工程投资1567万元，供水能力增加到2.88亿立方米。二期扩建工程于1981年开始施工，1987年10月上旬建成，工程投资2.70亿元，供水能力达到8.63亿立方米。 三期扩建工程于1990年9月28日动工，1994年1月建成，工程投资16.5亿元，达到年供水能力17.43亿立方米。 四期改造工程于2000年8月28日开工，2003年6月28日建成投产，2006年7月5日通过竣工验收，工程投资47亿元，工程设计流量每秒100立方米，设计供水保证率为99%，设计年供水能力24.23亿立方米。

东深供水改造工程四项关键技术和管理总体上达到国际先进水平。工程于2003至2004年获得"中国建筑工程鲁班奖""詹天佑土木工程大奖""大禹奖""全国优秀工程勘测设计奖""广东省科学技术奖特等奖"等多项荣誉。

东深供水工程北起东江、南到深圳河，输水线路全长68千米，由6座泵站、2座电站、1座生化站、2套独立供电网、2座调节水库、61千米供水管道等组成。

东深供水工程改变了香港地区长期严重缺水困扰，成为香港地区繁荣和稳定的一个关键因素。从某种意义上讲，正是有了"东深水"的支撑，香港经济才迅速腾飞，跻身亚洲"四小龙"之列，成为国际商业和金融中心；正是有了"东深水"的支撑，深圳才从一个贫穷落后的边陲渔村，崛起为经济总量位居全国前列的现代化大都市，创造了世界城市发展史上的奇迹。工程自投产运行50多年来，从未因设备设施问题而中断过对香港、深圳和东莞的供水。2021年4月，中共中央宣传部授予东深供水工程建设者群体"时代楷模"光荣称号，并号召全社会学习他们"忠于祖国、心系同胞的家国情怀，勇挑重担、攻坚克难的使命担当，不畏艰苦、甘于付出的奉献精神"。

广州市

西汉南越王博物馆

西汉南越王博物馆通过保护古墓和展示出土文物来向公众讲述广州2000多年悠久深厚的历史文化。

考古奇迹

公元前204年，南海郡尉赵佗正式建立南越国，自号"南越武王"，国都定于番禺。南越国全盛时疆域包括当今中国广东、广西（大部分地区）、福建（一小部分地区）、海南、香港、澳门和越南（北部、中部的大部分地区）。从开国君主赵佗至亡国君主赵建德，历经五王九十三年。

在象岗山顶之下20米处，深藏着南越王墓。此墓于1983年被发现，是保存至今、为数极少的没有被盗的汉代诸侯王墓之一，是岭南地区规模最大、出土随葬品最丰富、墓主人等级最高的一座彩绘石室墓。它堪称地下宝库，出土了一千多件（套）珍贵文物，计有铜、铁、金、银、铅、陶、玉、水晶、玛瑙、绿松石、玻璃、煤精、墨丸、丝、麻、木、漆、皮革、象牙、骨、角、中草药物、药饼、药丸、五色药石、封泥、竹木签牌，以及家禽、家畜、水产等动物遗骸和植物种实等，品类繁多。这些出土文物中包含中原文化、百越文化和海外文化元素，集中体现了岭南文化和谐包容、开拓创新、面向海洋的精神。

"文帝行玺"龙钮金印（上图）和玉质"赵眜"印的出现，揭开了墓主人的身份，他就是第二位南越王赵眜，号称"文帝"。赵眜是南越国的第一位王赵佗的孙子。岭南文化，源远流长，采中原之精粹，纳四海之新风，是中华文化的重要组成部分，而南越国时期在岭南地区社会经济文化发展史上具有划时代的意义。赵佗是秦朝开拓岭南的重要将领之一，他在治理岭南期间，注重发展经济，团结当地民众，加强都城建设，重视和汉朝的关系。赵佗为岭南社会的发展作出了重大贡献，是汉代岭南历史上一位杰出的人物。

文化密码

南越王墓地被发掘后，墓室就地保护，在其旁建造西汉南越王博物馆。博物馆建筑以古墓为中心，依山而建，是岭南现代建筑的一个辉煌代表，曾获得六项国内建筑大奖和"二十世纪世界建筑精品"的提名，被评为"中国二十世纪五十五个经典建筑"之一。博物馆于1988年建馆并对公众开放，其中基本陈列主要展示南越王赵眜墓原址及其出土文物，专题陈列有"杨永德伉俪捐赠陶瓷枕展"。

历经千年，南越古墓蕴含着岭南的文化密码，依然闪烁着历史的光芒。

导航小卡片

地　址	广州市解放北路867号
服务电话	020-36182920、36182412
开放时间	周一至周四：9:00—17:30 周五至周日：9:00—21:00
票务信息	全票10元，半票5元
网　站	www.gznywmuseum.org
微信公众号	西汉南越王博物馆

孙中山大元帅府纪念馆

大元帅府旧址前身为广东士敏土厂办公楼，因孙中山1917年和1923年两次在这里建立革命政权而得名。

百折不回

大元帅府旧址前身为广东士敏土厂，即水泥厂，该厂是当时全国第二大水泥厂。因历史机缘，孙中山曾两次在这里建立革命政权。

1917年9月，孙中山高举"护法"旗帜，南下广州建立护法军政府，经过多方考量，决定征用广东士敏土厂的南北两栋办公楼作为军政府大本营，即现大元帅府旧址，他在这里领导了第一次护法运动。后来因为桂系军阀与政学系主导改组大元帅府，孙中山受排挤，愤然辞去"海陆军大元帅"一职离开广州，护法运动以失败告终。

1923年至1925年，孙中山重返大元帅府，建立陆海军大元帅大本营。这个时期，孙中山改组国民党，召开国民党一大，实现第一次国共合作，创办黄埔军校和国立广东大学，开展轰轰烈烈的国民革命运动，将民主革命推向新阶段。直至1925年7月1日，中华民国国民政府在广州正式成立，大元帅府才退出历史舞台。

"用无数次失败，换取了最大的成功，失败与成功的交替，铸就了他的人格。公而忘私，救国救民，百折不回，愈挫愈烈……"这些后世的评论，可谓是孙中山先生一生的真实写照。

艺术结晶

　　大元帅府旧址的设计者是澳大利亚设计师帕内和美国设计师伯捷。其中，帕内是20世纪初广州建筑界最耀眼的明星，来华短短8年间，至少设计了25幢各式建筑。

　　当时的大元帅府由门楼、南楼和北楼组成，如今只留下南北两栋三层卷拱式的西式建筑。建筑物融合了拱券石、复杂的组合线脚等装饰细节，展现了丰富的立面效果。岭南特色巧妙穿插其间，竹节式排水管顺墙而下，百叶门窗古朴大方。整栋建筑恢弘挺拔，东西合璧，是中外建筑艺术的结晶。

府立江岸

　　大元帅府屹立于珠江北岸，于1998年10月在旧址筹建纪念馆，2001年对外开放。馆内常设"帅府百年——孙中山大元帅府原状陈列""孙中山在广州三次建立政权""帅府名人""民国广州掠影"等展览。

　　广场上，孙中山戎装塑像面江而立，手持军刀，庄重威严，向世人展示那段不同寻常的历史。

导航小卡片	
地　　址	广州市海珠区纺织路东沙街18号
服务电话	020-89012366
开放时间	周二至周四9:00—17:30 周五至周日9:00—21:00 周一闭馆
票务信息	免费
微信公众号	孙中山大元帅府纪念馆

广州市花都区洪秀全纪念馆

　　洪秀全是中国近代杰出的农民革命领袖，他所领导的太平天国运动是农民阶级探索救国救民道路的一次伟大实践。广州市花都区洪秀全纪念馆成为人们认识太平天国运动的重要窗口。

反清第一英雄

　　洪秀全故居是洪秀全成长、耕读和早期开展农民运动的地方。洪秀全是广州花都官禄布村人。1843年科场失意后创立拜上帝教，组织民众进行反清斗争。1851年1月在广西桂平领导太平天国起义。1853年3月攻克南京，改称天京，定为首都。先后颁布《天朝田亩制度》和《资政新篇》，主张平均分配土地，效法西方先进国家富强之道。1860年5月后在上海、宁波武装抗击英、法等外国列强的侵略干涉，维护国家主权和领土完整。1864年6月因病在天京逝世，终年50岁。天王洪秀全是太平天国杰出的农民运动领袖，被孙中山誉为"反清第一英雄"，被毛泽东评价为最早向西方寻求救国真理的先进中国人之一。

金田起义后，清政府曾于1854年和1864年先后两次到官禄布村"诛九族"，烧杀抢掠，惨绝人寰，故居当时也被烧毁。洪秀全故居于1959年在原址上复原，同时还复原了洪秀全青少年时期读书和教书的村塾——书房阁。纪念馆的"广东省花县洪秀全纪念馆""洪秀全故居""书房阁"三块牌匾均为郭沫若所题。

纪念馆包括故居、书房阁、洪氏宗祠三座主体建筑，还有洪秀全青少年时期手植的龙眼树（下图）、书房阁出土的石狮子、洪秀全高祖画像、洪仁玕故居遗址和民房墙基等文物和遗址。

导航小卡片	
地　　址	广州市花都区秀全街官禄
服务电话	020-36861225
开放时间	9:00—17:00，周一闭馆
票务信息	全票13元，半票6.5元
微信公众号	广州市花都区洪秀全纪念馆

广州近代史博物馆

广州近代史博物馆前身是广东咨议局旧址，1921年5月孙中山在此宣誓就任中华民国非常大总统，同时也是第一次国共合作期间的重要活动场所。

旧貌新颜

　　广州近代史博物馆的馆舍建于1909年，为清朝末年的广东咨议局。清政府为了挽救即将覆灭的命运，挂出"预备立宪"的招牌，下令各省成立咨议局，为地方精英提供一个参与政治的合法场所，作为清政府学习西方议会民主政治的场所。辛亥革命后，随着清政府的灭亡，咨议局的活动也就消失了。

　　广东咨议局外观仿西方罗马议会建筑形式，中间大厅，绕以回廊，两层圆顶。1911年11月9日，广东各界代表在此集会，庄严宣布广东脱离清政府，成立广东军政府，推选胡汉民为广东都督。这里先后成为广东省议会和非常国会的办公地点。1921年5月，孙中山在此宣誓就任中华民国非常大总统。

两党合作

这里也是第一次国共合作期间的重要活动场所。1925年10月至1927年1月，作为国民党中央党部所在地，国共两党不少领导人都在此活动过。由毛泽东主办的《政治周报》就在此创刊。1927年国民党北迁武汉后，这里先后成为省党部和省参议会所在地。1949年10月广州解放后，咨议局成为中国新民主主义青年团华南工作委员会的办公场所，一直持续到1957年。

近代史览

广东咨议局旧址蕴含着巨大的历史意义，1959年在此建立了广东革命历史博物馆，叶剑英元帅题写了馆名。1996年加挂"广州近代史博物馆"的牌子。

馆内的基本陈列"近代广州"展览分为"百年风云""日趋近代化的中心城市"两个部分，展出文物800多件（套），照片近300张，全面详实地反映1840年至1949年广州在政治、经济、文化、教育、民俗等方面的情况。博物馆别出心裁地制作了1921年孙中山就任非常大总统礼场和1927年广州起义场景，并通过文物组合展出和模拟效果，再现近代广州社会风情，把近代广州的政治、经济、文化历史更加生动活泼地呈现给观众。

导航小卡片

地　　址	广州市陵园西路2号之二
服务电话	020-83825846，83754099
开放时间	9:00—17:30，周一休馆
票务信息	免费
网　　站	www.gemg1959.cn
微信公众号	近代广州

广州博物馆

镇海楼作为极具历史文化内涵的城市地标，曾历经天灾、战火，五毁五建，见证了广州数百年的沧桑变化，也是广州数千年历史发展的缩影，早已成为广州人民共同的精神印记。

越秀层楼

广州市区北面有一座地势颇高的山。它原名为"观音山"，后改名"越秀山"。山顶上建有镇海楼，广州博物馆主址就坐落于此。

镇海楼原名"望海楼"，明嘉靖年间改名为"镇海楼"，取其雄镇海疆之意，又因楼分五层，俗称"五层楼"。镇海楼雄踞于越秀山蟠龙岗古城墙的最高处，为明清时期广州城的至高点，始建于明代，被誉为"岭南第一楼"。登楼眺望，羊城秀色尽收眼底。镇海楼历来是文人雅士登高吟咏之处，数百年来留下许多不朽诗篇。它历尽风雨600余年，早已成为广州极具历史文化内涵的城市地标，曾以"越秀层楼"和"镇海楼"之名跻身古今"羊城八景"之列。2019年，镇海楼（广州博物馆）入选中国历史文化名楼。

呈现广州从上古至近代历史的"城标·城史——广州历史陈列",以城标镇海楼为载体,以珍贵文物和丰富史料将广州历史逐层展开:

早在新石器时代,先民已在此地繁衍生息,创造出灿烂的文明,形成了独特的南越文化;秦汉之际,南越国在此建立,岭南首次得到大发展;唐宋时期,广州跃身东方大港,蕃舶纷至,商贾汇聚,形成独特的港市文明;随着"大航海时代"的到来,明清时期,广州作为中国与世界各国贸易往来与文化交流的口岸,经济、文化、城市建设快速发展,成为世界名城;近代以来,广州深得风气之先,人才辈出,成为最早学习西方的南国之窗;具有英勇无畏精神的广州人民又使这座古城化身英雄城市。"登楼观史"的特殊体验,使广州博物馆成为国内难得一见的在文物古建筑中呈现地方历史的经典。

海贸遗珍

仲元楼展区设有仲元楼与自然科学馆两个展馆。仲元楼原为仲元图书馆,1930年代为纪念辛亥革命将领邓仲元而建。仲元楼内展览"海贸遗珍——18—20世纪初广州外销艺术品"透过展示馆藏牙雕、刺绣、丝织、广彩、外销画等外销艺术品,再现了18到20世纪初广州口岸对外贸易的繁盛情景。位于仲元楼北侧的自然科学馆通过陨石、矿物和化石等珍贵实物,展现了地球的形成、发展及生命诞生、演化的全过程。

导航小卡片	
地　　址	广州市越秀区解放北路988号越秀公园内
服务电话	020-83545253,83550627
开放时间	周二至周四9:00—17:30 周五至周日9:00—21:00
票务信息	成人票10元/人,未成年人免费
网　　站	www.guangzhoumuseum.cn
微信公众号	广州博物馆

广州市银河烈士陵园

广州市银河烈士陵园是集纪念、教育、宣传、游览等多功能于一体的社会主义精神文明阵地。

安息之所

位于广州市东面广汕公路出口处附近，有一片绿树成荫的地方，宁静安详，经常有人在这里驻足站立，静静沉思。这就是广州市银河烈士陵园，又称银河革命公墓。它始建于1956年，有银河广场、烈士纪念馆、烈士墓区、烈士骨灰堂等功能区。

烈士墓区建有我国各个革命历史时期的烈士墓130多座，其中有著名的沙基惨案殉难烈士墓、中国文化总同盟广州分盟"文总"六烈士墓、马口救火英雄烈士墓和纪念碑、向秀丽烈士墓、抗"非典"烈士以及辛亥革命时期的烈士、志士墓等。此外，还建有谢非、任仲夷、高剑父、关山月、萧红、红线女等政界、文化界名人的墓碑。

陵园里建造了沙基惨案殉难烈士墓。1925年6月23日，为了声援上海五卅运动、抗议帝国主义在中国的暴行，黄埔军校师生与广州市民一道，举行了示威游行。当游行队伍走到沙面租界对面时，遭到了英法等帝国主义殖民者的残酷镇压，大批市民遇害，黄埔军校31名学生献出了生命，是为"沙基惨案"。

"文总"六烈士墓，收葬了中国文化总同盟广州分盟（简称广州文总）被反动当局杀害的烈士赖寅仿、凌伯骥、郑挺秀等六人遗骨。

粤北英德县马口曾驻扎着一支民警部队，队长马德林率领民警们冲入火海救灾。后人将行动中牺牲的13位民警安葬在此，建造马口救火英雄烈士墓。

陵园远离城市的喧嚣，隐于青山绿水之间，庄严而肃穆。陵园的整体建筑与山水浑为一体，纪念设施保护完好。园内的银河广场，建有浮雕、地坛、喷泉、升旗台。烈士纪念馆位于银河广场主体楼东侧，记述自辛亥革命以来各个不同时期的革命英烈们的英雄事迹，收集英烈们留存的图片和实物，保存史料、雕塑、绘画等1000多件。

安息在这里的烈士们，虽然生于不同的年代、奋斗于不同的岗位，但他们都有着催人泪下、震撼人心的英勇事迹，激励着一代又一代的后来人！

🚌

导航小卡片	
地　　址	广州市天河区燕岭路394号
服务电话	020-87042522
开放时间	园区9:00-16:30（全年开放） 烈士纪念馆周二至周五，9:00—11:30，13:30—16:30 周一闭馆
票务信息	免费
网　　站	www.gzmz.gov.cn
微信公众号	广州市银河烈士陵园

广州市白云山风景名胜区

白云山景色秀丽，自古以来就是广州的风景名胜，每当雨后天晴或暮春时节，山间白云缭绕，蔚为奇观，白云山之名由此得来。

天南第一峰

白云山自古为南粤名山，享有"天南第一峰""羊城第一秀"等美誉，峰峦叠嶂，溪涧纵横，主峰摩星岭高382米，登高可俯览全市，遥望珠江。

白云山景色秀丽，"蒲涧濂泉""白云晚望""景泰僧归"均被列入古代"羊城八景"。清末时有白云寺、双溪寺、能仁寺、弥勒寺等古寺及白云仙馆、明珠楼、百花冢等名胜古迹。20世纪60年代和80年代，白云山分别以"白云松涛"和"云山锦秀"胜景两度被评为"羊城新八景"之一。

白云山历史人文底蕴深厚，全山历史景观遗址共有151处，星罗棋布，记载了岭南文明前进的脚步。最早的遗迹黄婆洞，可追溯到新石器时代。

白云山地处我国南方，属亚热带气候区，植被种类相当丰富，拥有各种植物876种，其中5种国家保护珍稀濒危植物是鹅掌楸、土沉香、降香黄檀、油杉、大叶竹柏。野生的657种植物中，许多种类具有潜在的经济价值，如材用树种86种，药用植物343种，野生观赏植物97种。

白云山每天吸收2800吨二氧化碳，放出2100吨氧气，可供近300万人正常呼吸之用。白云山是广州的空气净化器和调节器，被称为广州的"市肺"。

星海园位于麓湖西岸，是为纪念我国著名音乐家冼星海逝世四十周年，诞生八十周年，由广东省音乐家协会和广州市人民政府筹资合建而成。园内设有冼星海的塑像、纪念碑和陵墓，还有亭廊花架、70米长的墓道及300平方米的陈列室，展出冼星海的生平业绩，包括："在广州、北京、上海""在巴黎""归国回到上海""上海—武汉""在延安""在苏联""缅怀"七个部分。

星海园依山傍水，园内树木葱翠，环境十分幽雅。正门内，矗立着呈自然形态的黄腊石纪念碑，正面刻着毛泽东主席在冼星海逝世时的题词"为人民音乐家冼星海致哀"，背面刻着全国音协名誉主席吕骥写的碑铭。陵墓的大理石基座上安放着冼星海半身塑像，基座底安放有冼星海的部分骨灰。

导航小卡片	
地　　址	广州市云山南路21号
服务电话	020-37222222
开放时间	全天
票务信息	全票5元，半票2.5元
网　　站	www.baiyunshan.com.cn
官方微信	白云山风景名胜区
官方微博	广州白云山风景名胜区

邓世昌纪念馆

邓世昌是中国最早的一批海军军官，是清朝北洋舰队中"致远"号的舰长，他有着强烈的爱国心，1894年在中日甲午战争的黄海海战中壮烈牺牲。

黄海大战

1894年9月17日，黄海大东沟海域上，我国舰队遭到日本舰队的突袭，北洋舰队奋力反击，打响了一场激烈的海战。中日双方主力战舰悉数参战，共投入战舰20余艘，持续5个多小时，空前惨烈。这就是著名的中日黄海海战，史称"甲午海战"。

甲午海战是人类史上第一次完全由蒸汽动力军舰参加的大规模海战，成为人类海洋战争史上的一次标志性战役，也是一场中国近现代历史中非常重要的海战。

壮烈殉国

海战打响不久，我国海军"定远"舰的大旗被击落，"致远"舰舰长邓世昌下令，在自己的舰上升起旗帜，吸引敌人的火力。他指挥的"致远"舰作战英勇，连连击中日舰。然而，在日舰包围中，"致远"舰因受损严重而倾斜，炮弹也打光了。邓世昌激励将士说："吾辈从军卫国，早置生死于度外，今日之事，有死而已！"

这时，日军的"吉野"舰迎面驶来，邓世昌下令以最快的速度向"吉野"舰冲去，要和它同归于尽。一发炮弹击中"致远"舰，邓世昌坠入海中，最终殉国，年仅45岁。英法各国水师观战者，皆叹服邓世昌之忠勇。

甲午留名

邓世昌殉国后，邓世昌的家人用抚恤银扩建了宗祠。园内采用了三路两进三院的设计格局，保存着世昌井和当年邓世昌亲手种植的苹婆树。睹物思贤，英雄精神感召了无数后人。

今天的邓世昌纪念馆落址于广州市海珠区邓氏宗祠内，常年举办"邓世昌与甲午海战"展览，以中日甲午海战为主题，介绍邓世昌的生平及其爱国事迹。

"义不独生，甲午留名"，邓世昌的忠勇和民族气节为后人树立了典范，其民族英雄的壮举令后人景仰！

导航小卡片

地　　址	广州市海珠区宝岗大道中龙涎里2号
服 务 电 话	020-84391036
开 放 时 间	9:00-17：00，周一闭馆
票 务 信 息	免费
微信公众号	广州市海珠区文物博物管理中心

广州中山纪念堂

广州中山纪念堂是广州近代历史聚焦地，它见证了抗日硝烟、日军投降，见证了改革开放以来第一场商业性演出。

纪念先驱

广州中山纪念堂是广州人民和海外华侨为纪念伟大的革命先行者孙中山而筹资兴建的纪念性建筑。

青年时代，孙中山目睹山河破碎、生灵涂炭，毅然投身民主革命事业。他创立兴中会、同盟会，提出民族、民权、民生的三民主义，积极传播革命思想，广泛联合革命力量，连续发动武装起义。1911年，在他的领导和影响下，震惊世界的辛亥革命取得成功，推翻了清王朝统治，结束了统治中国几千年的君主专制制度，开创了完全意义上的近代民族民主革命，打开了中国进步闸门，传播了民主共和理念，极大推动了中华民族思想解放。1925年，孙中山因病去世后，广州人民及海外华侨为缅怀这位革命先行者，共同筹资修建了广州中山纪念堂。

广州中山纪念堂是中国传统建筑风格与西方建筑结构完美结合的典范。它由我国著名建筑师吕彦直设计，于1928年动工，1931年竣工。主体建筑占地1.2万平方米，高52米，是一座八角形古宫殿式建筑。它采用钢桁架和钢筋混凝土结构，由前后左右四个宫殿式重檐歇山抱厦建筑组成。堂顶镶盖宝蓝色的琉璃瓦，瓦面分高低四层，层层飞檐出卷。大堂内跨度达71米的建筑空间内不设一柱，气势恢宏，富丽堂皇，体现了非凡的建筑特色。

整座纪念堂庄严肃穆，在供后人瞻仰的同时，具有纪念性的宣讲氛围，是当时亚洲最大的会堂式建筑，也是目前全球最大的孙中山纪念堂。广州中山纪念堂兼具建筑的精神美和技术美，是中西合璧的典范，在中国近代建筑史上享有极为重要的历史地位。

广州中山纪念堂使用了大量寓意深刻的象征性图案，蕴含孙中山伟大的革命思想。

一是中山纪念堂整体呈"山"字造型：由纪念堂东西两侧望去，堂体呈"山"字造型，一气呵成，暗喻孙中山的个人品格和革命事业如山一般巍然屹立。

二是"天下为公"牌匾：纪念堂正面抱厦上下檐间，有孙中山手书的"天下为公"。"天下为公"四字出自《礼记·礼运·大同篇》："大道之行也，天下为公。"孙中山题写的"天下为公"寓意国家为人民所共有，政府为人民所共管，国家利益为人民所共享，体现了他的三民主义思想。

三是三色纪念堂：纪念堂以蓝、白、红三色为主色调，青色彩绘、蓝色琉璃瓦象征青天；白色穹顶象征白日；红色门窗、柱子象征满地红。青天代表自由，白日代表平等，红地代表博爱。自由、平等、博爱是孙中山为之奋斗的革命理想。

导航小卡片	
地　　　址	广州市越秀区东风中路299号
服 务 电 话	020-83567966
开 放 时 间	公园开放时间：6:00~22:00 主体建筑开放时间：8:30~18:00
票 务 信 息	主体建筑参观门票：成人票10元/人
微信公众号	广州中山纪念堂票务管家 广州市中山纪念堂

广州市十九路军
淞沪抗日阵亡将士陵园

广州市十九路军淞沪抗日阵亡将士陵园，是中国人民反抗日本帝国主义侵略斗争的见证。它既是全国"一·二八"淞沪抗日的重要纪念地之一，也是广州市保存完好的抗日战争纪念建筑群。

碧血丹心

1932年，国民革命军第十九路军在"一·二八"淞沪抗日战役中浴血奋战。第十九路军是一支南粤子弟兵，其将士多数是粤籍人氏。为了让淞沪抗战中牺牲的将士忠骸归返故里，1933年，蒋光鼐、蔡廷锴两位将军从国内外各界人士捐赠的慰劳金中拨出部分钱款，在广州修建了"十九路军抗日阵亡将士坟园"，把部分将士遗骨移葬于此。

坟园由留学美国建筑师杨锡宗负责设计并监造，主体建筑由花岗岩砌成，带有古罗马建筑风格。1990年10月，更名为"广州市十九路军淞沪抗日阵亡将士陵园"。目前，陵园从北到南分别建有凯旋门、先烈纪念碑、题名碑、抗日亭、将军墓、浮雕墙、将士墓、战士墓、先烈纪念馆和展览馆等纪念建筑物。

淞沪抗战

1931年，日本帝国主义制造"九一八"事变，侵占东北三省。1932年1月28日，日军又悍然出兵进犯上海闸北。当时驻防淞沪地区的国民党爱国将领——第十九路军总指挥蒋光鼐和军长蔡廷锴，率全军将士抗击敌人，打响了震惊中外的淞沪抗战。

随后，张治中部第五军也参加作战，沉重打击了日军。在民族生死存亡的危急关头，十九路军将士以三万之师拒日军十万之众，以劣势装备抵抗武器精良的日军，苦战33天，极其惨烈，迫使日军三易主帅，损兵1万多。然而，日军不断增援，十九路军只好退守第二道防线。5月5日，《淞沪停战协定》签订，悲壮而激烈的淞沪抗战结束。

　　"一·二八"淞沪抗战极大地鼓舞了全国各阶层人民和海外侨胞团结一致、同仇敌忾、抗敌救亡的决心，提高了中国在国际上的地位，在中国抵抗外来侵略史上写下重要的一页，全中国人民及海外华人将永远铭记淞沪抗日的光辉业绩。

精神不灭

　　陵园的主体建筑是十九路军淞沪抗日先烈纪念碑，建于1932年，位于陵园的北面，由花岗石砌筑而成，分别由纪功碑和半弧形回廊组成。纪功碑高19.2米，巍然耸立在半弧形回廊前中央。碑体基座上面挺立着一个十九路军无名英雄战士铜像，头戴军帽，面向正前方，右手握着步枪托在肩上，左手放在左边腰部，背系一顶铜鼓帽(竹帽)，左肩上挎着一个行军水壶，左脚向前迈步状。在塑像前面台阶的两侧，卧伏着两对铜狮，四周石栏上环绕着八个铜鼎，整体寓意着"一·二八"淞沪抗战。这些铜像、铜狮和铜鼎的原件当时是由雕塑家梁竹亭创作并铸造，但在抗战期间被日军掠走。20世纪90年代初修复陵园建筑时，雕塑家尹积昌根据历史照片重新设计铸造了现在的铜像、铜狮和铜鼎。

　　十九路军淞沪抗日阵亡将士陵园，犹如一位饱经风霜的老者，述说着历史，十九路军将士的卫国抗敌之举，将永远铭记于世人的心中！

导航小卡片	
地　　址	广州市天河区水荫路113号
服 务 电 话	020-87047408
开 放 时 间	园区：5:30—21:30 展览馆举办展览期间： 9:00—11:30，13:30—16:30 周一闭馆
票 务 信 息	免费
网　　站	www.gz19.net
微信小程序	十九路军陵园导览

广州市国家档案馆

作为党和国家档案安全保管基地、教育科研实践基地、爱国主义教育基地、档案利用服务中心、电子文件管理中心、政府信息公开查阅中心，广州市国家档案馆充分发挥留存记忆、传承文明的作用，通过举办展览和档案专题活动，提升影响力。

记录历史

档案源于生活，再现史实；档案溯古追今，诉说世事；它，是不偏不倚、中立客观的记录者。广州市国家档案馆里有广州最早的一份档案，有乾隆皇帝关于一口通商的口谕，有孙中山珍贵演讲的原声回荡……

广州市国家档案馆力求体现厚重的历史底蕴，彰显广州文化，记录广州记忆，主要以展示纸质档案、文件、旧照片以及徽章等珍贵文物为主。除了档案本身的服务外，档案馆还开通了三个楼层的展厅，包括一楼的"新广州好"展厅、二楼的三个亚运展厅及三楼的馆内珍藏展厅。

时光隧道

2018年6月9日，国际档案日，广州市国家档案馆新馆二期向公众正式开放。与一期相比，二期突出智能馆库、技术用房和公共服务等功能设置，配备了智能档案管理系统。

"档案·广州"历史记忆展是新馆二期的亮点之一。该展区面积近4000平方米，分为历史名城馆、生活历史馆、地图印记馆和时光隧道四个部分。

其中，历史名城馆设置名城变迁、千年海丝、近代风云、近代教育四大专题展区，分别展示广州2200多年的城市发展史、历史贡献及其近代文教成就。生活历史馆则将清末至改革开放以来的档案资料融入生活场景，述说广州人衣、食、住、行的变迁和细节。

服务社会

近年来，广州档案馆秉承服务机关、服务社会、服务人民群众的宗旨，积极发挥档案存史、资政、育人、维权的重要功能，增加了政府公开信息查阅场所和电子文件中心的新功能，逐步向公共档案馆转型。档案馆主办的"广州档案网"新网站也已上线，公众持个人身份证等有效证件即可查阅利用这批开放档案文件。

档案馆组织开展了"传承红色精神，歌颂青春华章"主题活动、"档案记忆与解读——广州故事"和"档案与我——我的成长档案"等教育活动，取得了良好的爱国主义教育效果，充分发挥了档案承载历史、传承文明的社会教育功能。

导航小卡片

地 址	广州市大学城档案馆路33号
服务电话	020-31050936
开放时间	展厅：9:00—17:00 "新广州好"百米长卷数字展厅：10:00—11:30，14:30—15:30，周三闭馆
票务信息	免费
网 站	www.gzdaj.gov.cn
微信公众号	广州市国家档案馆

"三·二九"起义
指挥部旧址纪念馆

在"三·二九"起义指挥部旧址纪念馆内，摆放着一对身上有23处弹痕的石狮。一百年前，这对石狮摆放在当时的清两广总督署大门前，见证了"三·二九"起义悲壮的一幕！

屯兵指挥部

　　1910年11月，孙中山秘密召集同盟会员黄兴、赵声、胡汉民等在马来半岛槟榔屿开会，决定再次在广州起义。由于小东营距离清两广总督署较近，便于发动突击，黄兴就选择这里作为指挥部。

　　1911年4月27日，黄兴亲率由海内外100多位革命党人组成的选锋队（敢死队），打响了起义的枪声。起义该日是农历三月二十九日，故称辛亥"三·二九"起义。

血洒总督署

起义时，黄兴率领的选锋队160多人，以臂缠白毛巾、足穿黑胶鞋为标志，从小东营指挥部出发，一举攻入两广总督署。总督张鸣岐翻后墙逃脱。起义军火烧总督署后被清军围攻，由于众寡悬殊，奋战一昼夜后起义失败。革命党人坚贞不屈，英勇牺牲达100余人，其中有姓名可考的86人，72人被安葬于黄花岗，史称"黄花岗起义"。

辛亥"三·二九"起义是孙中山领导的中国同盟会发动的一次规模空前的武装起义，也是历史上震撼全国、轰动世界的一次起义。

致敬黄花岗

走进越华路，一栋略显普通的民房便是"三·二九"起义指挥部旧址。旧址坐北朝南，占地558平方米，三开间四进、单层、两面坡顶素瓦格局，每进之间有天井相隔，是具有岭南民居特色的青砖大屋。此宅后为广东省人民政府副主席、爱国民主人士李章达的物业。1955年，李章达夫人尹映雪、儿子李诵刚遵照李章达的遗愿，将房屋捐给国家。1958年，辟为纪念馆。

除了摆放着的石狮，这座具有岭南民居特色的青砖大屋内，布置了"走近辛亥""碧血黄花""浩气长存"等主题展厅，另外还有前厅、互动多媒体室和临展厅等，使纪念馆成为我们探究这段历史的最好入口。

导航小卡片

地　　址	广州市越秀区越华路小东营5号
服务电话	020-83337700
开放时间	9:00—17:30，周一闭馆
票务信息	免费
网　　站	www.guangzhoumuseum.cn/main.asp
微信公众号	广州博物馆

番禺博物馆

番禺博物馆坐落于番禺区龟岗东麓，馆内展厅以生动的内容讲述番禺的历史变迁，展示番禺人在各历史时期所作出的杰出贡献。其中的冼星海纪念馆是番禺博物馆进行爱国主义教育的主要依托。

番禺缩影

番禺位居广东珠三角腹地，滨江望海，气候温和，早在秦汉时期已是华南最主要的港湾城市，司马迁在《史记》中称其为全国九大都会之一。直到民国初年，番禺一直是广东的政治、经济、文化中心。

番禺博物馆分为多功能主体陈列大楼、番禺文博园、东汉古墓群展区等三部分。楼内有基本陈列和专题陈列八个，馆藏文物品类丰富，陈列形式多样，表现出鲜明的地方特色。

"番禺史话"展厅以实物展示番禺的历史变迁,"番禺汉代出土文物展",精心复制的历史场景、分门别类的文物介绍,形象地再现被誉为岭南鱼米之乡的番禺在两汉时期丰盛康平的生活情景。另外还有"番禺华侨事迹""尹积昌雕塑艺术""馆藏文物精品""岭南画派书画名家"等固定展馆。

东汉古墓群展区,墓葬规模宏大,发掘的22座东汉墓葬以原貌展示,墓室由青灰砖砌筑,墓壁双隅,墓底砖砌成人字形,出土500多件文物,反映出东汉时期番禺农耕文化的发达。

星海永耀

番禺是人民音乐家冼星海的故乡。2005年,冼星海纪念馆在番禺博物馆内落成。博物馆多次送流动展览"冼星海生平事迹展"到基层和各地展出,还组织专门团队创作"星海回家故事会",向群众讲述冼星海的生平。

1938年冬,冼星海放弃优厚待遇,奔赴延安担任鲁迅艺术学院音乐系主任,这是他创作的巅峰期,谱写了《黄河大合唱》等作品。1939年,冼星海参加中国共产党。

当年,冼星海回国受挫,在哈萨克斯坦度过自己生命旅程最后的时光。逗留期间,冼星海在哈萨克斯坦音乐家的帮助下,创作了一大批爱国主题音乐作品,其中有第一交响乐《民族解放》,第二交响乐《神圣之战》,组曲《中国狂想曲》《满江红》《后方》,交响诗《阿曼盖尔德》。番禺博物馆通过多种途径获得冼星海在哈萨克斯坦经历的资料,经过翻译、整理、研究后,充分融进星海纪念馆陈列与"星海回家故事会",进一步丰富了星海精神的内涵。游客在这里可以全面地回顾冼星海的非凡人生、聆听动人乐章!

导航小卡片	
地　　址	广州市番禺区沙头街银平路121号
服务电话	020-84809245,84668662
开放时间	9:00—17:00,周一闭馆
票务信息	免费
微信公众号	番禺博物馆

粤海第一关纪念馆

粤海第一关纪念馆是黄埔古港景观区主体建筑，是依据历史资料原貌修建的仿古建筑群，馆内展览展示了广州海上丝绸之路、广州十三行和黄埔古港的兴衰。

长盛不衰

2006年，当地政府在古黄埔港建设了黄埔古港景观区，包括古港公园、"哥德堡号"重访广州纪念雕塑、亲水堤岸以及粤海第一关纪念馆四大部分。

古黄埔港地理位置优越，是17到19世纪中国海上贸易黄金时期的一个窗口，也是中西方经济、文化交往的枢纽。

广州有两千多年长盛不衰的对外贸易历史，至清朝时，康熙曾经下诏在中国沿海江苏、浙江、福建、广东建立四大海关。后来为了防范洋人，又下令关闭苏、浙、闽三个关口，独留广州一口通商，广州港盛极一时。

流淌辉煌

纪念馆内设"流淌的辉煌——'一口通商'与黄埔古港"专题固定展览，由海上丝路通四海、"一口通商"下的广州、"哥德堡号"与广州、繁忙的黄埔古港、黄埔遗韵展新姿五大部分组成，展示了广州海上丝绸之路、广州十三行和黄埔古港的兴衰。

这里被称为"粤海第一关"是因为粤海关在这里设立了黄埔挂号口，专门负责管理停泊在古港的商船和征收关税。"一口通商"确立了广州唯一口岸的地位，粤海关几乎成了大清海关的代名词。而黄埔关因为税收和贸易量居粤海关关口前茅，被赋予"粤海第一关"美名。

再续前缘

在当年停靠黄埔古港的五千多艘商船中，有一艘闻名中外的"哥德堡号"。两百多年前，"哥德堡号"曾经三次前来广州开展贸易，赚取了大量利润。可惜第三次返航时，它却意外地在即将抵达家门的地方触礁沉船。直到1986年，沉船才被打捞，重见天日。

瑞典人继而产生重建"哥德堡号"延续两百年多前航行的想法，经过十年的努力，新"哥德堡号"建造成功，顺利下水。2006年"哥德堡号"重访广州。

导航小卡片

地　　址	广州市海珠区新港东路石基村
服务电话	020-84135758，84135753
开放时间	9:00—17:00，周一闭馆
票务信息	免费
微信公众号	广州市海珠区文物博物管理中心

广州市第一次全国劳动大会旧址

历经战乱年代，第一次全国劳动大会旧址建筑幸运地存留下来。这里曾召开中国工人阶级第一次全国性盛会，保留至今的旧址，已经成为广州珠江南岸富有历史意义的景点。

开创先河

在广州市海珠区滨江西路有一幢古朴的老房子，白色外墙，木质连廊，在绿荫掩盖下的门匾上写着"第一次全国劳动大会旧址"。

1922年5月1日至5月6日，中国共产党以中国劳动组合书记部名义发起的第一次全国劳动大会在此召开，到会代表有173人，代表全国12个大城市的110多个工会、34万有组织的工人。大会通过了《八小时工作制案》《全国总工会组织原则案》《全国总工会未成立以前，请中国劳动组合书记部为全国通讯机关案》等十项决议案。

第一次全国劳动大会在中国工人运动史上占有重要地位，是中国共产党领导中国工人运动的开始，是中国工人阶级第一次全国性盛会，是中国共产党引导中国工人阶级开始走向联合、团结道路的大会，开创了中国工人运动的新纪元。

如今，整个旧址包括第一次全国劳动大会开会礼堂、广州工人运动历史陈列馆、广州职工大学堂等，内设新时代红色文化多功能宣讲厅、多媒体综合室及电脑室等。

广州工人运动历史陈列馆内设"城市之光·工运之路1840—1927年广州工人运动纪实"大型展览，该展览详细介绍了当年广州工人运动的发展情况。

五四运动后，中国工人阶级作为一支独立的政治力量登上了历史舞台。1921年7月中国共产党成立后，广州工人运动进入了一个崭新的阶段。1922年5月，第一次全国劳动大会在广州召开，这是中国工人运动史上的创举，会后至1923年初，全国掀起了第一次工运高潮。

2007年，在纪念第一次全国劳动大会召开85周年之际，广州市政府拨款对该旧址进行修缮，并对旧址礼堂进行复原。2011年，为纪念中国共产党建党90周年，广州市总工会斥资对旧址重新进行整修。

2018年，"新时代红色文化讲堂"在第一次全国劳动大会旧址开办，现在这里已成为各级党组织、工会组织和对广大青少年开展思想政治教育及爱国主义教育的主要阵地。

导航小卡片	
地　　址	广州市海珠区滨江西路230号
服务电话	020-84411777
开放时间	周一至周五9:00—17:00
票务信息	免费
微信公众号	广州工会

广州市南沙虎门炮台旧址

虎门是珠江主要入海口之一，一江两岸以主航道分界，东属东莞，西属广州。虎门炮台是公认的中国近代海防史上设施最完整、火力最强大、工事最坚固的海防要塞。中国军队打响抵御外敌的第一炮就位于广州南沙的大角炮台。

险要虎口筑炮台

南沙虎门炮台最早建于清康熙年间。第一次鸦片战争前，虎门炮台中属广州南沙的炮台有：横档炮台、横档月台、永安台、大角台、巩固台、大虎台、蕉门台。1840年6月，鸦片战争爆发，这些炮台在战争中遭到破坏。

光绪年间重建的上横档炮台、下横档炮台和大角炮台（含蒲洲炮台）为西式炮台，安置进口的西洋后膛炮。南北台、大虎台、蕉门台于光绪年间被弃。此时的上横档炮台有东台等，设8门大炮；下横档炮台设9门大炮；大角炮台有9个台，设12门大炮。按照西式炮台规范重建的虎门炮台，安置进口的德国克虏伯后膛炮，这是当时世界上最先进的大炮。虎门炮台的海防能力已达到当时世界先进水平。

南沙虎门炮台在历史上经历了三次大规模的战争：

1841年1月7日，英军20余艘舰船突然向大角炮台及对岸的沙角炮台发动进攻，清军在奋力回击后撤出，炮台遂被英军攻陷。1841年2月25日、26日英军向虎门的主要防线发动进攻，遭到防卫的清军全力抵抗，由于力量强弱悬殊，炮台最终被英军攻破。1937年9月14日，侵华日军5艘军舰向虎门进攻，企图入侵广州，遭到虎门炮台守军的迎头痛击。后日舰多次来犯，虎门炮台奋发虎威，击退日舰。

中国军民在虎门炮台第一次吹响了近代史上反对帝国主义侵略的号角，誓死捍卫了祖国的尊严。

凝心聚力好平台

如今，散尽硝烟的南沙虎门炮台经过重新修葺，承担着对广大群众进行爱国主义教育的重要作用。虎门炮台的悲壮故事，让参观者感叹不已：一盘散沙，注定一事无成；贫穷落后，肯定挨打受辱。中华民族只有凝心聚力，心往一处想，劲往一处使，才能打败一切来犯之敌。

导航小卡片	
地　　址	广州市南沙区南沙街道鹿颈村蒲洲山上
服务电话	020-34688531
开放时间	周三至周日9:00—12:00，14:00—17:00
票务信息	免费

广州市辛亥革命纪念馆

辛亥革命纪念馆是一座以纪念孙中山领导的辛亥革命为专题的大型纪念馆。

革命烽火起源地

辛亥革命是20世纪中国社会的首次历史性变革。广州是辛亥革命的策源地、民主革命的活动重镇。

位于广州黄埔区长洲岛的辛亥革命纪念馆建成于2011年，现有常设主题展览"开辟共和新纪元"和专题展览"辛亥革命时期广东名人"，并于每年举办与辛亥革命主题相关的临时展览。

长夜破晓现曙光

"开辟共和新纪元"主题展览围绕辛亥革命爆发前、中、后三个时间段，展现中国社会的历史性巨变。19世纪末，中国彻底沦为半殖民地半封建社会，中国人民处在帝国主义和封建主义双重压迫下，水深火热，苦难重重。以孙中山为首的革命先行者开始了革命救国的伟大尝试，致力于宣传革命思想，发展革命组织，积极开展反清武装斗争。随着全国形势的不断发展，武装革命条件逐渐成熟。1911年10月10日武昌起义爆发，起义的胜利使革命烈火迅速燃遍神州大地，清政府的封建统治土崩瓦解。1912年1月，中华民国南京临时政府建立，这是民主共和制度在中国的首次尝试。它颁布了近代中国第一部具有宪法性质的《中华民国临时约法》，确立建设现代国家的基本原则，制定共和国的政治体制，构建出现代国家的基本雏形，开辟了中国历史的新纪元。

风雨泰然立潮头

近代以来，深受西方先进文化思想影响的广东，英雄辈出，人才荟萃，对中国近代社会变迁产生重要影响，岭南地区成为民主革命的策源地，岭南文化成为思想革命、社会进步的先导。纪念馆内，"辛亥革命时期广东名人"专题展览以人物为线索，以场景复原为手段，展现56位为辛亥革命作出贡献的广东籍志士的生平事迹。当穿梭于纪念馆英烈雕塑群中，人们仿佛回到了辛亥革命那激情燃烧的岁月。

导航小卡片

地　　址	广州市黄埔区长洲岛金洲北路563号
服务电话	020-82502473
开放时间	9:00—18:30，周一闭馆
票务信息	免费

广州市海珠区
十香园纪念馆

十香园纪念馆是一座美术类型纪念馆，依托清末岭南花鸟画家居巢、居廉的故居"十香园"旧址为馆舍，于2007年成立并对外开放。

十香聚一园

建于1856年前后的十香园，是晚清广东著名画家居巢、居廉的故居及作画之所。

十香园的四周，以青砖砌墙围成小院。院内植有素馨、瑞香、夜来香、鹰爪、茉莉、夜合、珠兰、鱼子兰、白兰、含笑等十种香花，故名"十香园"。大隐隐于市，居廉在此设帐授徒，以蒙馆形式培养了一大批近代美术人才。其中，有"岭南三杰"之称的高剑父、高奇峰、陈树人，都是出自居廉门下。因此，十香园被誉为"岭南画派的摇篮"、广东近代美术教育的基地。

十香园纪念馆现分为一期旧址区及二期美术展览区。旧址区含今夕庵、啸月琴馆、紫梨花馆，以"花衍十香——居巢居廉故园印记"为固定陈列展，介绍居巢、居廉的艺术成就及十香园的历史沿革。

居巢、居廉以珠江河畔的生活体验和崇尚自然的创作态度，描绘出大量形神兼备、雅俗共赏的作品。其人品与画风，对岭南画派的诞生和发展，有着巨大影响。今天的广州美术学院就建在十香园附近，可见居巢、居廉与岭南画派渊源密切。

美术展览区含专题美术馆、文物库房、园林水榭、艺术家创作室及文化广场，以"诗情画意溯流源——隔山画派及岭南画派先师纪念展"为固定展览，通过"一人、一画、一史"的形式系列地介绍隔山画派及岭南画派的发展和传承脉络。

2005年，居廉的曾孙女、78岁的居玉华决定将十香园无偿捐献给国家。2007年，按照居氏后人提供的资料和广州市考古所现场挖掘的资料设计的十香园纪念馆修缮工程完成。

作为典型的广东民居，十香园空间精致紧凑，更因其主人的艺术情操，散发出浓郁的书香气息。十香园纪念馆本着"源于传统，高于传统"的设计原则，在整体素雅的空间格调上，以古朴又不失岭南特色的木雕为点缀，使展陈空间与复原场景相结合，在彰显十香园气韵神采的基础上，更具沉稳古典风范。

导航小卡片	
地　　址	广州市海珠区江南大道中怀德大街3号
服务电话	020-84480362
开放时间	9:00—17:00，周一闭馆
票务信息	免费
微信公众号	广州市海珠区文物博物管理中心

广东省博物馆

作为广东省三大标志性文化设施之一，广东省博物馆对于营造广州市的文化氛围、体现广州华南文化中心的地位、加强国际文化交流以及使广州成为现代化国际大都市都有非常重要的作用。

江岸宝盒

广东省博物馆于1957年筹建，1959年10月1日对外开放。2010年5月18日，位于广州市新城市中轴线的博物馆新馆建成，向公众免费开放。

广东省博物馆新馆坐落在珠江新城中心区南部的文化艺术广场，建筑创意为"绿色飘带上盛满珍宝的容器"，空间结构灵感来自中国传统的象牙球，造型别具一格。

广东省博物馆藏品至2018年底达180985件（套），其中一级文物421件（套）、二级文物6624件（套）、三级文物13201件（套）。馆藏古代字画和陶瓷两类传世文物的数量和质量在中国博物馆中名列前茅，端砚、潮州木雕、外销艺术品、出水文物等是优势馆藏。

广东省博物馆展览分基本陈列和临时展览。基本陈列以表现岭南文化和广东历史、自然等为主要内容，包括历史、艺术、自然三大方向，其中"广东历史文化陈列"以大通史小专题的手法，呈现广东民系、海外贸易史、华侨史和革命史几个广东在中国历史上占据重要地位的闪光点。"漆木精华——潮州木雕艺术展""紫石凝英——端砚艺术展"展示了广东重要非遗艺术品类，全国独有。"粤山秀水·丰物岭南——广东自然资源展"全面展示了广东的自然资源概貌，开创了在省级综合馆中设立自然类基本陈列的先例。

广东省博物馆引进国内外精品展览，内容丰富多样、策划有条不紊、设计推陈出新、制作安全环保。广东省博物馆还积极推出"互联网+中华文明——无边界博物馆"新媒体推广方案，让参观者能及时了解博物馆的最新资讯。

导航小卡片	
地　　址	广州市天河区珠江东路2号
服务电话	020-38046886
开放时间	周二、三、四、六、日：9:00—17:00，周五9:00—20:30，周一闭馆
票务信息	免费
网　　站	www.gdmuseum.com
微信公众号	广东省博物馆

廖仲恺何香凝纪念馆

廖仲恺何香凝纪念馆坐落于仲恺农业工程学院校园内，环境优美，参观者在参观展览之余还可以领略到何香凝90多年前创办的学校浓郁的人文气息。

代代相传

廖仲恺何香凝纪念馆于1982年8月30日正式揭幕开馆，由时任全国人大常委会委员长、中共中央军事委员会副主席叶剑英题写馆名。馆址为原仲恺农工学校办事处旧址，落成于1928年，是一座砖木结构的二层楼房。

纪念馆最初主要展览廖仲恺、何香凝的革命事迹，他们的儿子、中共中央政治局委员、全国人大常委会副委员长廖承志逝世后，纪念馆增加了廖承志生平事迹和革命活动的内容，以体现革命事业代代相传的意义，馆名维持不变。

在近代中国革命史中，廖仲恺、何香凝一家的故事是绕不开的篇章。

廖仲恺是广东省归善县（今惠州市）人，1877年出生于美国旧金山，是近代著名的民主革命家、伟大的爱国主义者、国民党左派领袖、中国共产党的挚友。他是孙中山的主要助手之一，身兼党、政、军要职，1925年8月20日被国民党右派和帝国主义反动派收买的暴徒暗杀于中央党部门前。何香凝是广东省南海县棉村（今广州市荔湾区）人，1878年在香港出生，中国民主革命先驱，著名的国民党左派，民革主要创始人之一，妇女运动的领袖，新中国侨务工作开创人，杰出美术家。夫妻二人育有一子一女，儿子廖承志，1908年出生于日本东京，无产阶级革命家、杰出的社会活动家、党和国家的优秀领导人，在青年工作、港澳台侨、对日外交等方面的工作中作出了卓越贡献。女儿廖梦醒，1904年出生于香港，1931年在丈夫李少石介绍下秘密加入中国共产党。全面抗日战争爆发后，协助母亲何香凝组织女界团体投身于抗日救亡运动。廖梦醒还担任过周恩来与宋庆龄之间的秘密联络工作。她的丈夫李少石于1945年在重庆遭国民党士兵枪击，为革命献出宝贵生命。

纪念馆内，现有"廖仲恺、何香凝革命事迹陈列"和"廖承志革命事迹陈列"，内容上有分有合，体现整体性和阶段性的特点。陈列600多件文物（如下图为廖仲恺在狱中所作的漫画）、文献资料、历史图片，以及两处硅胶像仿真场景，生动展现了廖仲恺、何香凝及其子女廖承志、廖梦醒不断为实现民族统一、伟大复兴而奋斗的革命历程。

导航小卡片

地　　址	广州市海珠区东沙街24号仲恺农业工程学院内
服务电话	020-89003117，89002335
开放时间	周一至周五8:00—12:00，14:30—17:30
票务信息	免费
网　　站	www.jng.zhku.edu.cn

粤海关博物馆

粤海关博物馆是我国最早成立的海关行业博物馆，曾获评"广州海上丝绸之路千年秀标志景点""广东十大海上丝绸之路文化地理坐标""广东省博物馆陈列展览精品奖"等奖项。

大钟楼

粤海关旧址位于广州市荔湾区沿江西路29号，现为粤海关博物馆。这座建筑地处珠江畔，因楼顶设置大钟，俗称"大钟楼"。

大钟楼整体为砖石与钢筋水泥混合结构，正面外墙条石镶砌，列花岗岩爱奥尼圆柱装饰，为欧洲新古典主义风格建筑。它以其精巧的构造设施、细腻的装饰艺术与较高的建筑水平，跻身中国近代海关建筑优秀代表作之列。

粤海关设立于清康熙二十四年（1685），负责管理两广地区（今广东、海南、广西部分地区以及港澳地区）对外贸易和征收关税等。

1860年以后，粤海关外国人控制下的税务司公署（洋关）和中国政府管理下的常关并存，其率先将西方的科学技术和管理模式引入中国，客观上加快了广东社会近现代化转型，同时也开启了近代中国人民收回海关主权斗争的漫长过程。

回首故时多绮丽

粤海关博物馆常设"粤海关历史陈列"，讲述粤海关从1685年设立至1950年退出历史舞台的发展历程，是了解广东乃至中国对外贸易、中外文化交流、近代革命历史的重要窗口。

展览分为"序幕厅""海关溯源""清代前期和中期粤海关""晚清和民国时期粤海关"和"收回粤海关主权斗争"等五大部分，另设"粤海新关相关历史人物""粤海关历史建筑"等专题，回溯了粤海关的辉煌历程：1757年至1842年广州"一口通商"期间，粤海关税收收入远超其他海关，成为大清海关的代名词；到了近代，革命先行者孙中山曾两次领导旨在收回粤海关关税结余款的"关余斗争"；省港大罢工中，粤海关成立中国海关最早的工会组织——粤海关华员总工会，声援罢工运动，为华员员工争取平等待遇而发声；抗日战争时期，粤海关关员积极抗日救亡、保卫关产，使"大钟楼"免遭毁坏。

导航小卡片	
地　　址	广州市荔湾区沿江西路29号
服务电话	020-81013617
开放时间	周一至周五9:00—16:00
票务信息	免费
微信公众号	粤海关博物馆

海珠区南华西街

海珠区南华西街开基于清代中叶的1776年，200多年来，它经历过许多风雨，又积聚了深厚的文化底蕴，是一条极具岭南文化特色的街道。

开乡始祖

在南华西街辖内的栖栅街路边，矗立着一块"潘能敬堂祠道界"的石碑。这块经历了200多年人世沧桑的界碑，一直屹立于原地，而它的立碑人正是海珠区龙溪乡（今南华西街地域）潘氏的开乡始祖、闻名中外的十三行行商首领潘振承。

潘振承出身寒微，深知民间的疾苦，成了豪商巨富后仍存恤老怜贫、报效社会之心，乐于襄助社会公德善举。他长期从事洋务经营，在与洋人打交道中领悟到国家兴盛的重要性，早存爱国的思想，给家族留下了好传统。在他思想熏陶和名师掌教下，其子孙后代能本着家风，秉承爱国主义精神，对国家、社会作出许多贡献。他们公德为怀，拒卖鸦片；抵御外侮，毁家纾难；急公好义，施行善举；传承文化，弘扬国粹……这些爱国爱民之举，至今为人们所称颂。

抗英浩气

1847年5月15日至17日，英国侵略者在清朝地方政府的纵允下，派人到广州河南洲头咀（今南华西街辖区）丈量土地，插旗志界，企图以租地为名，强行霸占控制广州门户的这一战略要地。海珠区四十八乡乡民闻讯，在潘正炜联合和领导下奋力抵抗英军租借洲头咀。英国侵略者深恐重蹈三元里之役的覆辙，被迫放弃强行租地的图谋。河南民众取得了斗争的胜利，为中国人民近代反抗帝国主义侵略的历史添上了光辉的一页。

为纪念我国近代史上这一爱国主义光荣壮举，1987年海珠区在滨江西路建造了抗英纪念浮雕，后因扩路拆除。2007年，正逢洲头咀人民抗英斗争胜利160周年之际，海珠区在滨江西路小游园景观区重新设计制作"南淑风华"雕塑，并于2008年5月建成揭幕，以此象征当时广州海珠人民团结一致、众志成城，抵抗侵略者的智慧和勇气。

同盟足迹

民国时期，南华西街成为民主革命重要的基地之一。孙中山同盟会的广东分会在此设立，廖仲恺与何香凝的居室"双清楼"旧址等革命斗争史迹也在此。

导航小卡片

地　　址	广州市海珠区兆龙里19号
服务电话	
开放时间	9:00—17:30
微信公众号	南华西街道e家通

先锋引领

党的十一届三中全会以来，南华西街不搞"等、靠、要"，坚持依靠街道自身的力量顽强起步，根据具体情况主动开拓市场，逐渐增强了经济实力，并为街道的全民协调发展奠定了基石。在发展街道经济之初，南华西街就先行一步，试科技领先的战略，聘请了100多位专家学者做顾问，积极主动与几所大学和科研机构合作，并多方收集经济、技术、科学、社会、文化等各方面的信息，进行社会调查，搞好市场预测，瞻望发展前景。经济发展到一定实力时，街道预见到规模经济的优势，树立了办大企业、上大项目的雄心，成立了街道企业集团。1989年，南华西街大力发展外向型经济，争取到直接进出口权，并建立了出口产品生产基地，在全国街道中率先与国际经济接轨，并在海珠区大干围建起了大型工业区。

党的十四届四中、五中全会之后，南华西街又进入一个新的发展时期，着手建立现代企业制度，实行股份制改造，南华西实业股份有限公司于1996年12月在证券交易所挂牌上市交易，实现了物质文明的飞跃发展。

今日的南华西街，已初步建成社会主义文明新街道。岁月的洗礼抹不去老广州的厚重与深邃，南华西街在新旧交替中传承并发展……

黄埔青少年军校

黄埔青少年军校以"加强国防教育，弘扬黄埔精神，继承革命传统"为办学信念，以"今天交我一群学生，明天还你一支部队"为办学宗旨，荣获"广州市学生军训定点基地"称号。

国防教育

　　黄埔青少年军校位于美丽的广州长洲岛深井村。这里空气清新，民风淳朴，犹如传说中的世外桃源，是人们沟通情感、缓解疲劳的好去处。

　　黄埔青少年军校秉承"加强国防教育，弘扬黄埔精神，继承革命传统"的办学信念，自创办以来，举办了丰富多彩的军事拓展训练。从军校一日游到入校数日军政训练，从一般的初级军训到野外的中级军训再到更精彩的高级军训，从单纯的军政训练到学工、学农的综合训练，从接待内地学生到接待港澳及外籍学员，军校成为少年儿童进行军事拓展训练的首选。

特种兵王

黄埔青少年军校毗邻黄埔军校旧址，拥有海军黄埔军事博览中心完备的硬件设施，办学条件得天独厚。

当年这里曾是黄埔军校学员训练、演习的场所，现在军事旅游、学生军训、企业拓展培训定期在这里有序地进行，拓展类别涵盖户外拓展、水上拓展、高空拓展、军事拓展和野外拓展培训。军校聘请退役特种兵和教育管理领域的专家为教官，保证用高质量的授课带出高质量的团队。军校已成功举办一千多期短期军政训练班，共四十余万人参加，荣获"广州市学生军训定点基地"称号。

绿营假期

每年寒暑假，军校为广大青少年开办各式各样的夏（冬）令营。其中，"绿营假期"夏令营已创办十年，将军事化管理和现代体验式教育理念相结合，不断创新内容，下设小特种兵夏令营、小主播小记者夏令营和务农田园夏令营，受到家长的关注和欢迎，是军校的品牌夏令营。

夏令营配备了退伍特种兵及大学生辅导员，引导学员在体验中学习，在学习中吸收，在吸收中提升。夏令营实行军事化封闭式管理，重拾黄埔精神，让学员在锻炼中培养吃苦、遵守纪律、服从命令、百折不挠的良好作风。

导航小卡片

地　　址	广州市黄埔区长洲岛深井村岐西坊20号
服务电话	020-82202190，82494794
开放时间	9:00—17:00
票务信息	全票50元，学生票35元
网　　站	www.hpjxjb.com
微信公众号	黄埔青少年军校

中国共产党广东区执行委员会旧址

在大革命时期，文明路194号—200号既是中国共产党广东区执行委员会所在地，也是中国共产党在广东地区的主要指挥阵地。

四个之"最"

文明路194号—200号，楼高三层，总面积约700平方米，是中国共产党广东区执行委员会旧址。

在这里，诞生了中国共产党历史上的四个"最"——最早成立的地区区委之一；最早建立了地方军事运动机构；最早建立了地方纪律检查机构；同时也是最大的区委，管理的党员人数最多、管辖的范围最广，有力地组织、推动和影响了大革命的进程。

1924年10月，周恩来回国后接任中国共产党广东区执行委员会委员长一职，1925年2月，由陈延年担任书记。区委机关设秘书处、组织部、宣传部、工人部、农民部、军事部、妇女部、监察委员会等机构。当年，陈延年、周恩来、彭湃、邓颖超等老一辈无产阶级革命家和革命先驱曾在文明路194号—200号办公，领导广东人民开展革命斗争。为了隐蔽工作，一楼以鞋店、生草药店、住宅等做掩护，二楼、三楼分别作为广东区团委及广东区党委的办公场所。

1925年上半年，中共广东区委专门设立监察委员会，成为中国共产党建立的第一个地方纪律检查机构，开辟了中共纪检工作的先河。中共广东区委监察委员会成立后，严明党的纪律，为党组织正确决策提供保障。省港大罢工期间，中共广东区委监察委员会组织工人纠察队，维持罢工秩序，监督罢工经费的使用，在维护党组织清正廉洁等方面，做了大量卓有成效的工作，也为党中央成立专门的纪律监察机构提供了宝贵经验。

中共广东区委监察委员会的成立，如同一块基石，为党的健康发展，为革命的最终胜利，作出了不可磨灭的贡献。

中共广东区委旧址内设置了"南粤旗帜 星火相传——大革命时期的中共广东区委"基本陈列，展出中共广东区委发展历史、中共广东区委监察委员会发展历史和中共广东区委办公场景复原等三部分内容，宣传中国共产党在大革命时期的辉煌发展史，激励广大党员、群众继承发扬革命先辈为党和人民的事业奋斗终生的无私精神，弘扬历久弥新的爱国赤诚。

2021年，为庆祝中国共产党成立100周年，中共广东区委旧址以"新颜"作献礼，顺利完成展陈提升，让隐藏于闹市中的红色革命遗址更具有辨识度。同时，丰富历史文化呈现手段，高度还原中共广东区委旧址办公场景，提升观众的体验感、参与感和互动感，让文物讲述党史故事。

中共广东区委旧址作为展示党的光荣历史和优良传统的红色遗址，将爱国主义教育工作融入红色文化宣传教育的方方面面，将宣传社会主义核心价值观与营造爱国主义社会氛围相融合，充分发挥作为红色革命遗址的阵地优势，打造了集学习、宣传、服务于一体的"家门口红色学堂"。

导航小卡片	
地　　址	广州市越秀区文明路194号-200号
服务电话	020-83347126
开放时间	上午9:00—12:00，下午14:00—17:00，周一和法定节假日闭馆
票务信息	免费
微信公众号	广州市越秀区博物馆

广州地铁博物馆

全国首创的数字化地铁体验空间。

建馆初衷

　　广州地铁博物馆是广州市政府牵头出资筹建的"2015-2016年社会民生基础设施建设项目"之一，由广州地铁集团承建，旨在推进青少年科普教育，丰富市民文化生活。广州地铁博物馆位于海珠区万胜广场C塔裙楼，与地铁四、八号线及有轨电车万胜围站接驳。

展示之窗

广州地铁博物馆积聚36家广州地铁参建单位的优势资源，以科普知识为核心，集展览、教育、互动、游乐于一体，呈现广州城市建设和轨道交通行业发展成果，为市民打开一扇轨道交通领先技术展示之窗，为城市提供多元化的公共文化服务。

城市加速

全馆共分三层楼，分别为负一楼地铁工程建设区、一楼地铁发展史展示区、二楼安全运营体验区，围绕发展、建设、工程、运营、文化，展望大线网时代，抒发广州地铁为城市加速的美好愿景。

馆内共有10个站点、38个展项，科普类型的展项占全部展项的80%以上，结合视觉、听觉、触觉以及仿真模型、1:1比例盾构机模型、逼真地质情景打造、车站车体仿真还原、角色体验等形式，给市民营造四维立体展示空间。

导航小卡片	
地　　址	广州市海珠区新港东路1228号负一至三楼
服务电话	020-89449140
开放时间	周二至周五10:00-16:00，周六日：9:00-17:00，周一闭馆，节假日安排或有所不同
票务信息	免费
微信公众号	广州地铁博物馆

广州市城市规划展览中心

广州市城市规划展览中心是规划与国土综合展示、城市文化展示平台，兼具科普、政民互动、学术交流、城市综合信息查询、规划公示等功能。

展示广州

广州市城市规划展览中心以习近平新时代中国特色社会主义思想为指导，围绕实现"老城市新活力""四个出新出彩"的主题，展示广州市城市发展的历史轨迹、近期规划和远景规划，展示广州市在贯彻落实党的城市规划建设的方针政策方面取得的伟大成就，展示广州市综合实力方面重大成果。主要展厅包括广州概况、城市历史、名城规划、广州全域沙盘、重点发展地区、城市科学、城区规划等。

形式多样

　　一楼序厅大型LED屏幕与"透光混凝土墙"联动播放的影片《广州·生长的天际线》和六脉渠图铜雕，展示城市的变迁和格局特色。规划公示公布、临展厅、文创中心等功能空间，多方面展示开放多元的广州规划风貌。二楼通过大数据、精细模型、场景复原等，把广州的城市概况、建设历史和名城保护立体呈现于观众眼前。三楼全新打造的城市规划宣传大片，配合广州全域沙盘模型，共同描绘广州城市发展的雄伟蓝图。

多项首创

　　三楼南区首创室内模型公园，把广州"三个十公里精品珠江"模型、南沙新区等城市未来的重点发展地区模型连成一体，给人耳目一新的体验；飞行影院《飞跃广州2050》带领来宾畅游未来；城市科学展区则通过一系列的互动展项，让观众探索和了解先进的城市发展理念。

　　位于展览中心首层西侧的广州首个新时代文明实践馆，面积约1050平方米，运用照片、实物、视频、模型、场景、雕塑和科技手段、互动体验项目，全面、生动、立体地展现出广州如何落实习近平总书记对广州的要求，推进实现老城市新活力和"四个出新出彩"。展馆最大特色是坚持以人民为中心，从让市民群众可见、可感、可触的角度进行设计布展，多维度展现市民群众的获得感、幸福感、安全感。

导航小卡片	
地　　　址	广州市白云区展览路1号
服务电话	020-83520680
开放时间	9:00-17:00，周一闭馆（法定节假日除外）
票务信息	免费
微信公众号	广州市城市规划展览中心

深圳市

深圳莲花山公园邓小平铜像广场

邓小平铜像位于深圳市莲花山，是全国第一座由中央批准的以城市雕塑形式竖立的邓小平铜像。

会当凌绝顶

莲花山公园地处深圳市中心区北端，内有七个山头相拥，状如盛开的莲花，因而得名。沿着蜿蜒逶迤的山中小径拾级而上，既可享受登山的乐趣，又没有登高的疲惫。到达山顶广场，极目远眺，有"会当凌绝顶，一览众山小"之兴。

山顶广场又叫邓小平铜像广场，位于莲花山之巅，海拔100米，是深圳最高的室外广场，是瞻仰邓小平铜像和俯瞰深圳市中心区的最佳去处。

改革大步走

莲花山公园筹建于1992年7月，1997年7月对外开放；邓小平铜像建立于2000年。

邓小平铜像矗立在广场中央，造型是邓小平大步向前走的动态。起初设计铜像时拟采用的是邓小平88岁南方谈话时的照片——站姿。后来吸取了许多人的意见，改用走的姿势，既增加了动感，也体现了邓小平"要把改革开放的步子迈得再大些"的思想，展现出了不凡的伟人气质。

铜像的造型气度不凡，象征着深圳改革开放不断前进、进取、创新的立意，也象征着深圳大刀阔斧进行改革，坚定不移对外开放、勇往直前，不断进取、勇于创新的精神。

远见育特区

公园南坡植有一万多株凤凰木，夏天来临，凤凰花开，满山红遍，是莲花山非常壮丽的自然景观。山顶广场上长年人流不断，来自全国各地的人们纷纷前来瞻仰和敬献鲜花，表达对中国改革开放总设计师邓小平的敬仰和怀念之情。

仰望广场中央的雕像，邓小平身披风衣，极目远方，俯瞰着深圳的发展与巨变。深圳这座改革开放的前沿城市，是邓小平改革开放思想的"产儿"，是坚定不移走改革开放道路的"闯将"。作为改革的"试验田"和对外开放的"窗口"，深圳经济特区的成功实践，在我国各地区共同发展的历史进程中发挥了重要的示范、辐射和带动作用，掀起全国各地改革发展的浪潮。

2012年12月8日，习近平总书记来到莲花山公园，先向邓小平铜像敬献鲜花，随后种下一棵高山榕。当年这棵高山榕仅2米高，树干碗口粗，如今这棵手植树已是枝繁叶茂、生机勃勃。

导航小卡片	
地　　址	深圳市福田区红荔路6030号
服务电话	0755-83063208
开放时间	6:00—23:00
票务信息	免费

深圳市大鹏新区
大鹏古城博物馆

大鹏所城在明清两代抗击葡萄牙人、倭寇和英殖民主义者的斗争中起过重要的作用，是岭南重要的海防军事要塞。深圳别称"鹏城"，即源于此。

鹏城渊源

大鹏所城位于大鹏新区鹏城村，全称"大鹏守御千户所城"。始建于明洪武二十七年（1394），"大鹏"之名取于庄子《逍遥游》："北冥有鱼，其名为鲲……化而为鸟，其名为鹏……""所城"有"防卫、哨所"的含义。深圳别称"鹏城"，正是因为这个有600多年历史的古城堡。赖氏"三代五将"等名将曾在这里驻守，所城因此享有"将军村"的美誉。

九龙海战

这里曾经发生过鸦片战争的第一场战斗，赖恩爵将军率守兵在所城外洋面与英军浴血苦战，取得了首战——"九龙海战"的胜利。这是中国近代史上一系列反侵略战争中的第一仗，书写了一段抗英斗争胜利的光荣历史。

所城留存的城堡和军事设施，是研究明代卫所军事制度的重要遗址。古城至今还保存着独特的民俗文化，当地的语言也十分独特，是研究古代"军语"的"活化石"。

历史深处

大鹏所城是我国保存较为完整的明清海防军事城堡之一。所城东西有345米，南北有285米，占地约10万平方米。除北门在清嘉庆年间被封外，东、南、西三个城门和东北约300米的古城墙基址保存较好。城内主要街道有南门街、东门街和正街等；主要建筑有清广东水师提督赖恩爵振威将军第、清福建水师提督刘起龙将军第等十余座清代府第式建筑。此外，所城内还有侯王庙、天后宫、赵公祠、参将署等一批古迹可供参观。

导航小卡片	
地　　址	深圳市大鹏新区鹏城社区赖府巷10号
服 务 电 话	0755-84319269
开 放 时 间	9:00—17:00，周一闭馆
票 务 信 息	免费
微信公众号	大鹏古城博物馆

深圳市盐田区中英街历史博物馆

中英街的历史是中国近代历史的缩影，它让我们看到了晚清经济落后、政治腐败、中华民族陷入被动挨打的沉痛灾难所带来的屈辱和悲怆，看到了深港两地人民不畏强暴、不屈不挠、前仆后继的抗争精神，以及改革开放、香港回归，深港人民携手共创美好明天的情景。

华界与英界

19世纪末，英国继割占香港和九龙半岛后，为扩大在华利益，以武力威逼清政府于1898年6月9日在北京签订了中英《展拓香港界址专条》，据此，英国强租新安县所属977.4平方公里土地及广阔的水域，租期99年。1899年3月16日至18日，中英双方完成勘定"新界"界限，界桩沿一条干涸的河床把沙头角分割为"华界"与"英界"两部分。20世纪30年代中期，在河床东侧3—7号界碑之间，形成了一条长不过250米、宽不过三四米的小街，这条小街后取名为"中英街"。

1983年，内地与香港签订开放中英街协议，中英街逐渐兴旺繁华。双方大兴土木，整饬街道，修建店铺，使得中英街迅速繁荣，各式各样的商品云集其中，吸引了大批的游客。1997年香港回归后的中英街比以前更有秩序，游客们不但来购物，还要亲眼看看这历史的见证，看看"中英街""一国两制"分界线的标志。

鸣钟警世

1899年3月18日是沙头角勘界结束日，英国通过签约和最后勘界才达到了强租"新界"的目的。沙头角勘界实际上就是按照中英《展拓香港界址专条》等不平等条约，对我国领土采取实质性瓜分的侵略行径。沙头角勘界后，中英街才逐步形成。根据这一史实，中英街历史博物馆开发"中英街3·18警示日"作为一项爱国主义教育活动：从2002年开始，每年3月18日，举行"中英街3·18警示日"鸣钟仪式。这项活动已经成为深圳市一项重要的爱国主义教育活动，在海内外有广泛的影响。

导航小卡片

地　　址	深圳市盐田区沙头角镇内环城路9号
服务电话	0755-25251107
开放时间	9:00—17:00，周一闭馆
票务信息	免费
微信公众号	深圳市中英街历史博物馆

深圳市龙岗区布吉镇南岭村社区

"吃水不忘挖井人"，深圳市龙岗区布吉镇南岭村建设了"致富思源、富而思进"系列教育基地，教育下一代不忘初心、努力奋进。

鸭屎熏天

南岭村，位于深圳市中部，改革开放前是一个贫穷落后的小山村。那时，南岭村只有134户、576人，分4个生产队，共有20多头耕牛、10多台打谷机、1间小型粮食加工厂、几间泥砖饭堂改建的生产队仓库。1979年底，村集体经济不足7000元，人均年收入不足100元。村民过的生活是："生产靠贷款，生活靠救济。"全村每年要吃国家返销粮2万多斤，还要买入8万多斤红薯以缓解饥馑之忧。那时的南岭村，遍地是鹅屎鸭粪，臭气熏天，人称：鸭屎围。方圆几十里的人都认为有女不嫁南岭人，到处流传着"女人脚趾无爪，莫做南岭阿嫂"的顺口溜。村里许多男子成了光棍。由于贫困，村里众多年轻人外逃到香港谋生。

十一届三中全会的惊天巨雷，唤醒了神州大地。1982年，张伟基任队长的第一生产队，拿到了国家的第一笔征地补偿费——43万元，这是南岭村的第一桶金。领回后，由于大家都穷怕了，都希望每家每户分了用于改善生活。张伟基认为集体经济像母鸡，养好了能下更多的蛋，于是他做了一个对南岭村后来的发展产生深远影响的决定：43万元不分，集中起来搞发展，南岭村今后才有盼头。他向村民们描绘了一个充满希望的图景："我们要从长远去考虑，现在少分这些钱，以后就肯定能多分几倍甚至几十倍。"

经过每个村民一票的无记名投票选举，张伟基当选为村长兼村党支部书记，南岭村从此由四个生产队正式整合为一个村，张伟基通过"一张白纸选村官"，成为南岭村的"带头人"，南岭村历史也翻开了崭新的一页。就在这一天，张伟基用朴素的语言，郑重地向村民作出了四点承诺：第一，吃饱饭；第二，住新房；第三，有钱花；第四，健康长寿。

此后，南岭村的发展进入了快车道，陆续建起了3个大型的工业园区；建起了商业街区；建成53万平方米的公园和五星级酒店，大力发展旅游服务业。近年来，又与清华大学、中山大学等高校合作兴办科技园区；设立了深圳市第一支社区集体经济产业投资基金。2018年，集体总收入达3亿多元，人均收入达16万元，集体固定资产达35亿元。

导航小卡片	
地　　址	深圳市龙岗区南湾街道南岭村社区南岭南路35号南岭村社区党群服务中心
服务电话	0755-28708388
开放时间	9:00—12:00 14:00—18:00
票务信息	免费

深圳博物馆

深圳博物馆成立于1981年，现有历史民俗馆、古代艺术馆、东江游击队指挥部旧址纪念馆和深圳改革开放展览馆四处馆址。

开放谱新篇

深圳博物馆总建筑面积5万多平方米，年参观量200多万人次，是国家一级博物馆、全国红色旅游经典景区和全国社会科学普及基地，也是广东省、深圳市两级的中共党史教育基地、爱国主义教育基地，在公众特别是青少年中有重要影响。

2018年推出"大潮起珠江——广东改革开放40周年展览"，全面展示广东改革开放40年峥嵘岁月，生动再现广东改革开放重大决策、重大突破的壮阔历程，深入反映改革开放40年来广东经济社会发展的丰硕成果。2018年10月24日，习近平总书记参观展览时，在"时间就是金钱　效率就是生命"的标语前驻足交流。

藏品日渐丰

全馆现收藏各类文物藏品4万多件，其中三级以上珍贵文物5000多件套。收藏改革开放史实物资料6000多件，处于国内博物馆前列。

建馆初期，许多文物藏品来自国家、省、市相关单位的调拨。还有很多馆藏来自征集和社会捐赠。规模较大的征集有80年代中期开展的著名书画家作品征集和数次改革开放史文物大征集等，成果颇丰。 譬如，日本某企业无偿捐赠中国古代文物310多件，美国著名慈善家贝林捐赠世界野生动物标本230多件等，这些都成为深圳博物馆的重要馆藏。

真知传校园

深圳博物馆坚持馆内、馆外两个阵地，开展形式多样、丰富多彩的爱国主义教育活动。博物馆开展多种形式的进社区、进学校活动，将"深圳改革开放史图片展""小平与深圳"等多个流动展览送到全市学校、社区展出，让群众特别是青少年不用走进博物馆就能看到展览。

馆内特色项目"小讲解员培训班"自2010年开始创办，至今已举办十多届，培训内容包括深圳本地历史文化等，旨在丰富青少年党史国史知识，培养热爱祖国、热爱家乡的情操。

导航小卡片

地　　址 服务电话	历史民俗馆：深圳市福田区福中路市民中心A区，0755-88125550 东江游击队指挥部旧址纪念馆：深圳市罗湖区南庆街13号，0755-25100385 深圳改革开放展览馆：深圳市福田区福中路184号（深圳市当代艺术与城市规划馆四楼、五楼），0755-82738315、83254753
开放时间	10:00—18:00，周一闭馆
票务信息	免费
网　　站	www.shenzhenmuseum.com
微信公众号	深圳博物馆

深圳市坪山区
东江纵队纪念馆

广东人民抗日游击队东江纵队是在抗日战争时期，中国共产党在广东省东江地区创建和领导的一支人民抗日军队，是开辟华南敌后战场、坚持华南抗战的主力部队之一。

战斗旗帜

朱德总司令在党的七大所作的军事报告——《论解放区战场》中，将华南抗日纵队与八路军、新四军并称为"中国抗战的中流砥柱"。

东江纵队早期领导人如曾生、王作尧等都是大学生，许多人参加过声援"一二·九"运动的学生游行。队伍中，留学生比比皆是，高、初中生更是比例很大。另外，还有1500多名华侨子弟和港澳青年先后回国投身抗战。

在艰苦的环境中，东江纵队白手起家，在曾生、林平、王作尧、杨康华等的带领下，从无到有，从小到大，从弱到强发展起来。在抗战斗争中，东江纵队独立发展壮大为拥有一万多人的抗日武装力量，在党中央和广东党组织的领导下，为抗日战争、民族解放事业作出了不可磨灭的贡献！

英雄的东江纵队，在困难时期甚至连一部电台都没有，仅靠收音机接收延安新华广播电台的消息，却在抗战中书写了辉煌的篇章。

深圳东江纵队纪念馆是全国三座东江纵队主题纪念馆之一。它坐落于坪山区东纵路旁。这里，是当年东江纵队的重要活动地区，也是东江纵队司令员曾生的家乡。

纪念馆有东江纵队史迹展厅、东江纵队特色教育展厅、曾生文物室、东纵文化讲堂、曾生故居（廉政教育展厅）、前进报社旧址等展览。其中，曾生故居于2001年6月被列为龙岗区级文物保护单位，前进报社旧址于1984年9月被列为市级文物保护单位。纪念馆通过图片、实物、视频、沙盘等展陈，详细介绍了东江纵队的发展历程，展示了南粤儿女奉献牺牲的英雄历程。

导航小卡片	
地　　址	深圳市坪山区东纵路230-1号
服务电话	0755-84642252
开放时间	9:00—12:00，14:00—17:30，周一闭馆
票务信息	免费
微信公众号	深圳东江纵队纪念馆

招商局历史博物馆

招商局历史博物馆是深圳市第一家集文物征集、收藏、展示、历史教育、研究、学术交流于一体的企业历史博物馆。

浓缩百年

招商局历史博物馆于2004年9月开馆。其常设展览为"一八七二到今天"，按历史发展顺序以编年体的形式，通过"晚清时期的招商局""民国时期的招商局""新中国成立后的招商局""改革开放以来的招商局"以及"走进新世纪的招商局"这五个部分，讲述招商局自创办以来140多年的发展历程。

　　博物馆展出李鸿章奏请清廷批准创办招商局的奏折、抗日战争中招商局的长江沉船残骸、香港招商局海员起义签署的生死状、申请开发蛇口工业区时使用的香港明细全图、李先念副主席对创办蛇口工业区这一请示的批示、邓小平等中央领导人高度关注蛇口工业区的发展并前来视察的珍贵照片、新形势下招商局积极践行"一带一路"国家倡议的布局图等，生动再现了招商局"和祖国共命运，同时代共发展"的百年历程。

纪念先驱

　　招商局创立于1872年晚清洋务运动时期。140余年来，招商局组建中国近代第一支商船队，投资创办中国第一批工商企业，开办中国第一家银行、第一家保险公司、第一家电报局，修建中国第一条铁路，是中国民族工商业的先驱。

　　招商局在发展过程中的诸多创新和举措，成为中国社会整体走向的历史选择，极具代表性和典型性，是广大党员、群众学习党史、接受爱国主义教育的生动教材。

导航小卡片	
地　　　址	深圳市南山区蛇口沿山路21号
服 务 电 话	0755-26887000，0755-26887006
开 放 时 间	周一至周六9:00—12:00，14:00—18:00
票 务 信 息	凭有效证件电话预约免费参观
网　　　站	1872.cmhk.com
微信公众号	百年招商局

深圳市南山区
南头古城博物馆

南头古城是深圳城市历史的缩影与见证，也是香港接受中原文化、南越文化影响的桥梁，是历代中国政府对香港行使主权的象征。

古城留芳

　　南头古城古朴雄伟，历史悠久。东晋时期，作为东官郡治管辖着粤东南地区（包括今天的港澳地区）及福建云霄一带，是这一区域的政治、经济、文化中心。唐代，南头地区成为海上重要的贸易集散地和交通枢纽，驻军2000人，管辖深圳和香港一带。明清时期，设立新安县，南头是深港行政中心，促进了深圳地区经济、军事、文化的发展。民国年间，南头古城作为宝安县城经历了战乱的沧桑。抗日战争时期，日军盘踞南头古城，留下了碉堡等大量侵华罪证。

　　2004年9月，南头古城博物馆开馆。博物馆一直将爱国主义教育作为宣传教育的重要工作，不断加强基地建设。南头古城内有新安烟馆、东莞会馆、新安县衙、报德祠、信国公文氏祠五处陈列展览，旨在通过不同的展览激发爱国热情、凝聚人民力量、培育民族精神。

屯门海战

南头古城枕山面海，具有1700多年的历史。明代发生在南头海域的屯门海战，是我国历史上重要的一页。

明正德六年（1511），葡萄牙入侵屯门澳（南头辖区香港海域），广东海道副使汪鋐奉命抗击。他派人接近弗朗机，学习填药制法，仿制出了先进武器弗朗机火铳和蜈蚣船。决战时，中国军队直杀葡军，火烧连营，将葡萄牙人驱逐出境，取得了屯门海战的胜利。这是我国历史上第一次运用"师夷长技以制夷"打败西方殖民主义者入侵的战役，表明当时国人积极引进先进的科学技术，以增强自力更生的能力。

血肉相连

南头古城作为历代郡县治所在地，历来管辖着香港。在军事上，它护佑着香港和深圳沿海的海防安全。深圳人民和香港同胞血肉相连。在英国接管香港时，两地人民一同投入到激烈的抗英斗争中。1859年，英军进犯南头古城，知县王寿仁和虎门水师麦振邦迅速集合部队进行抗击。在这次战斗中两地人民团结一致、奋勇抗敌，在武器装备极为落后的情况下，用大刀长矛击毙击伤英军数百名，最后迫使英军撤退。这次战斗充分体现了两地人民面对侵略者时所表现出的爱国与大无畏精神。

导航小卡片

地　　址	深圳市南山区深南大道12036号
服 务 电 话	0755-26504300
开 放 时 间	9:30—17:00，周一闭馆
票 务 信 息	免费
微信公众号	古城博物馆

深圳锦绣中华民俗村

深圳锦绣中华民俗村，既是世界上面积最大的实景微缩景区，也是弘扬传统民族文化，加强祖国与广大侨胞联系的重要窗口。

锦绣中华

锦绣中华民俗村是"中国主题公园开山之作"，由锦绣中华微缩景区和中国民俗文化村两个主题公园构成，坐落在风光绮丽的深圳湾畔。在这里，"一步迈进历史，一天游遍中华"。

锦绣中华微缩景区所有景点均按中国版图位置分布，全园俯瞰有如一幅巨大的中国地图。它的景观可分为古建筑类、山水类、民俗民居类，游客既可以领略华夏民族五千年灿烂文明的历史，也能看到改革开放的伟大成就。

中国民俗文化村位于锦绣中华民俗村的西侧，起初以"二十五个村寨，五十六族风情"的丰厚意蕴赢得了"中国民俗博物馆"的美誉。后来，这里又建造了傣族的竹楼、布依族的石房等建筑。如今，文化村共有27个民族的27个村寨，成为全国56个民族有代表性的民族风情博物馆。其中的华夏民族大庙会、泼水节、火把节、西双版纳风情月、内蒙古风情周等多种活动，令游客身临其境。

在苗族、侗族、瑶族、佤族、黎族和景颇族的村寨里，少数民族姑娘和小伙子们热情地接待着国内外旅客。白族、藏族、纳西族、朝鲜族、高山族的民居建筑风格各具特色，吸引游客拍照留念。另外，还有布依族的石头寨、摩梭人的木楞房、哈尼族的"蘑菇房"、傣族的竹楼，哈萨克族的毡房……吸引着无数游客入内参观。

走进民俗文化村要留意些，游客一不小心会成为彝寨《阿诗玛》的新郎，会在泼水节里全身湿透，当然也可以成为佤寨风情里《神奇的阿佤山》的神奇人物。

孕育神奇

锦绣中华和中国民俗文化村，在如诗如画的山水之间，让游客尽享欢乐的盛会，领略中华民族生活中的美妙诗篇。

这是神奇的土地孕育出的神奇公园，也是神奇的城市升华出的神奇幻境。引领潮流，带来欢乐，这就是改革开放的深圳的神来之笔！

导航小卡片	
地　　址	深圳市深南大道9003号
服务电话	0755-26905222
开放时间	平日9:00—21:30 节假日为8:30—21:30
票务信息	全票220元，半票110元，套票245元
网　　站	www.szjxzh.com.cn
微信公众号	锦绣中华民俗村

中国文化名人大营救纪念馆

国内唯一以中国文化名人大营救事件为主题的红色文化纪念馆。

胜利大营救

1941年12月8日，太平洋战争爆发，香港沦陷，困留在香港的文化人士和民主人士的生命安全受到严重威胁。中共中央和南方局书记周恩来急电八路军驻香港办事处、中共广东党组织和广东人民抗日游击队，要求务必将困留在香港的文化人士和民主人士安全营救至内地大后方。广东人民抗日游击队挺进港九，建立联络站、开辟交通线，成功营救困留在香港的文化人士和民主人士，并将他们安全转移至大后方。

文化名人大营救保护了中国的"文脉"和精英，为中华人民共和国的文化建设和繁荣做出了巨大贡献，堪称载入史册的光辉篇章。

在抗日战争时期，白石龙村是羊台山抗日革命根据地的中心，白石龙村天主堂是广东抗日游击总队的指挥部和办事处所在地，著名的"白石龙会议"在此召开。在1942年初的中国文化名人大营救中，天主堂曾做为重要的接待中转站及住宿地，是深圳地区近现代史迹之一，具有一定的历史意义和文物价值，是反映深圳革命历史的重要文物保护单位。

2005年，深圳市宝安区人民政府在区级文物保护单位"营救文化名人旧址"（天主堂）的基础上，建成中国文化名人大营救纪念馆；2017年龙华区由宝安区分设成立行政区后，于2018—2019年开展纪念馆改造提升工程，于2019年7月重新开馆。

中国文化名人大营救纪念馆共设三个展厅，展览面积约826平方米，其中包括文物92件组，历史图片287幅，模拟历史场景3处，并设置沉浸式投影、幻影成像等多媒体展示系统。纪念馆经升级改造后，采用了大量声光电前沿技术，包括电子地图、LED墙、沉浸式投影、弧幕影院、幻影成像、名人综合查询大屏、图文扫码下载平台等，给参观体验带来强烈的"沉浸感"。

导航小卡片	
地　　址	深圳市龙华区民治街道白石龙老村1号
服务电话	0755-21047894
开放时间	9:00-12:00，14:00-17:30 周一闭馆
票务信息	免费
微信公众号	龙华文体云

深圳中国钢结构博物馆

国内唯一以建筑钢结构和桥梁钢结构为主题的博物馆，是讲好中国复兴故事的重要平台，是激发爱国热情、凝聚人民力量、培育民族精神的重要基地。

钢结构之路

深圳中国钢结构博物馆全面介绍了钢结构产业发展历程，展示中国钢结构相关技术从古代领先，到近代落后、现代崛起，再到当代领先的发展全过程，有助于观众了解国情、振奋民族精神。深圳中国钢结构博物馆的建成还填补了行业空白，是国有企业举办行业博物馆的典范。

2018年11月2日，深圳中国钢结构博物馆正式开馆。截至2020年底，累计接待观众超过5万人次。博物馆设置了参观预约、自助语音导览、全景展示等线上服务功能，以及导览图、便民雨伞、饮用水、残疾人保障措施等公共设施，并定期提供儿童科普专场讲解服务。

博物馆累计从海内外征集到不同种类、不同形态的藏品1000余件（套），代表性藏品包括：四川大渡河泸定桥铁索、埃菲尔铁塔铆钉、纽约世贸中心大厦钢构件、民国11年国有铁路钢桥规范书、昭和制钢所廿年志、滇越铁路人字桥煤石灯、《武汉大桥计划之历史》推荐函草稿、美国金门大桥铆钉和钢缆、3D打印钢结构节点等。

宣传与教育

博物馆尤其重视青少年教育，积极创新，主动作为，规划开发《钢结构是怎样"炼"成的》系列课程，2019年出版了小学版读本，并继续出版初中版、高中版读本。博物馆开展"钢结构博物馆开讲啦"公益讲座累计16期，线上线下受益观众超过1.5万人次；连续2年举办"小小讲解员培训上岗"志愿服务活动，并实施主题研学活动，累计受益学生超过6000人次。

导航小卡片

地　　址	深圳市南山区粤海街道中心路3331号中建科工大厦西侧
服务电话	0755-86518555
开放时间	9:00-17:00，周一闭馆，除春节外的法定节假日照常开放
票务信息	免费
微信公众号	钢结构博物馆
网　　站	http://www.ssmuseum.net

土洋村东江纵队
司令部旧址

土洋村东江纵队司令部旧址既是广东人民英勇抗日的历史见证，又是进行爱国主义、革命传统教育的场所。

中西合璧

土洋村东江纵队司令部旧址建筑为中西合璧风格的天主教堂，坐北朝南，建于1912年。旧址现由主楼、礼拜堂、马厩和附属建筑土洋村革命烈士纪念碑、东江纵队纪念亭组成，总占地面积为2127平方米。

主楼属天主教堂的新堂，为二层的土、砖、木结构建筑，面宽11.4米，进深7.75米，高9.8米。大门设砖拱门廊，两边高两层，硬山堆瓦顶，屋顶四周有宝瓶栏墙，外观与装饰颇具西洋建筑的特征。礼拜堂位于主楼东侧，为一层的土、砖、木结构建筑，面宽6.2米，进深15.1米。正门设有意大利风格的砖拱门廊，硬山瓦顶。马厩位于主楼西侧，为一层的土、砖、木结构建筑，堆瓦屋面，为东纵电台旧址。东江纵队纪念亭位于主楼后面，是一座琉璃正檐八角亭。土洋村革命烈士纪念碑与纪念亭相对，建于1985年12月30日，主要是纪念土洋当地九位抗日英雄。

1943年冬，东江纵队司令部设于此，领导惠阳、东莞、宝安人民进行英勇的抗日斗争。1944年，著名的土洋会议在此召开。1944年前后，东纵司令员曾生等领导人在主楼部分工作和居住，礼拜堂作为会议室和作战室，马厩改为工作人员的电台工作用房。1945年5月东江纵队司令部迁往罗浮山冲虚观。

2019年10月，该址被评为全国重点文物保护单位，1998年5月4日设立东纵史迹展览馆供游客参观学习。目前馆藏文物藏品16件（套），包括武器、织绣、金银器、兵铁器、档案文书、文件、宣传品等，其中银汤匙、日式饭盒、三级解放勋章等被定为三级文物，其他尚未定级文物如日军铁质炸弹、毛毯、包袱皮等皆具有重要文物价值。

导航小卡片	
地　　址	深圳市大鹏新区葵涌镇土洋村中心巷16号
服务电话	0755-84309970
开放时间	周二至周日9:00-17:00
票务信息	免费

珠海市

苏兆征故居陈列馆

苏兆征同志一生波澜壮阔，为中国革命事业不懈奋斗，领导了举世闻名的省港大罢工，是著名的工人运动领袖和共和国先烈。

投身革命

苏兆征于1885年11月11日出生在广东省香山县淇澳岛东溪坊（今属珠海市唐家湾镇淇澳社区）的一个贫苦农民家庭，早年在外国轮船上当海员。1908年，苏兆征加入孙中山领导的同盟会，积极参加推翻清政府的革命活动。辛亥革命胜利后，苏兆征目睹百姓仍然处于水深火热之中，这个残酷的现实刺激着他，使他投身革命的愿望越发强烈。

1921年3月，在苏兆征、林伟民等人的积极筹建下，中华海员工业联合总会在香港成立。1922年1月，饱受压迫剥削的香港海员工人在苏兆征、林伟民等领导下举行了震惊中外的香港海员大罢工，并取得了胜利，这成为中国共产党成立后第一次罢工高潮的新起点。之后，罢工总办事处在广州设立，苏兆征被选为总务部主任，后被推举担任代理会长职务，负责全面的领导工作。

1925年3月，苏兆征加入中国共产党。上海五卅惨案发生后，为抗议帝国主义的罪行，在苏兆征、邓中夏等共产党人的领导下，香港和广州于6月举行了举世闻名的省港大罢工，工人们一致推举苏兆征为罢工委员会委员长。省港大罢工坚持了一年零四个月，沉重打击了帝国主义势力。

之后在中共五大、八七会议期间，苏兆征由一个工人运动领袖逐渐成为中国共产党早期重要领导之一，在中国革命运动中发挥了巨大作用。1927年8月苏兆征参加八七会议，当选临时中央政治局委员、常务委员。同年，广州起义爆发时，苏兆征虽不在广州，但仍被推选为广州苏维埃政府主席。1929年2月25日，苏兆征因积劳成疾在上海病逝。

淇澳民居

苏兆征故居为苏兆征祖父于清朝光绪年间所建，苏兆征在这里出生，并度过青少年时代。故居是青砖土木结构小平房，一座两间并一小厨房和一舂米房，设有小门楼。屋前有院落，用蚝壳、黄泥、蚝灰、糯米浆混合筑起矮围墙，建筑材料和风格具有沿岸渔民民居的特色。

导航小卡片	
地　　址	珠海市高新区唐家湾镇淇澳村白石街461号
服务电话	0756-3311128
开放时间	9:30—17:00，周一闭馆
票务信息	免费

"南海前哨钢八连"展示馆

　　"南海前哨钢八连"在抗日战争的烽火中诞生，在解放战争的硝烟中成长，在守岛建岛考验中淬火成钢，被誉为"珠海特区的名片、守岛固防的标杆"。

钢铁铸，守海防

　　珠海横琴岛，地处祖国的南海，是扼守珠江口外侧的重要军事要冲。这里驻守着一个闻名全军、全国的连队——"南海前哨钢八连"。

　　中国人民解放军三一六四四部队南海前哨钢八连，前身为1942年在山东牟平创建的敌后抗日游击小分队和1945年组建的冀东三河、通县、顺义联合支队四连，于1952年进驻横琴岛，经过多次整编，1960年改编为万山要塞区第四守备区三营八连，1993年1月改称为广东省珠海警备区大横琴岛海防连，2014年改称为广东省珠海警备区海防八连，驻防在横琴岛大窝山下，以"艰苦奋斗、拒腐防变"享誉全军。

　　毛泽东主席曾亲切接见连队官兵代表并赠送芒果。1964年4月27日，连队被国防部授予"南海前哨钢八连"荣誉称号。

拒腐蚀，永不忘

驻地距澳门最近只有几百米，面对霓虹灯闪烁的繁华，官兵守住清贫，耐住寂寞，坚守着"钢八连"永远不变的本色。在物资匮乏的年代，八连一代代官兵接力传承弘扬艰苦朴素好作风，扎根小岛，白手起家。如今，连队条件发生了很大变化，但艰苦奋斗的"传家宝"始终没有丢。每当新兵入伍、干部到任，参观的第一个场所是展示馆。"钢八连"展示馆以"艰苦奋斗、拒腐防变"精神为灵魂主线，锄头、砍刀、扁担陈列其中，这就是官兵传承了50多年艰苦奋斗的"三件宝"。

经风雨，心不改

任尔东西南北风，优良传统记心中。"钢八连"在战火硝烟中诞生，在开拓戍守中奋斗，在改革浪潮中成长，在强军实践中发展。在岁月的洗礼中，"钢八连"始终秉承"磨砺钢铁意志、建设钢铁连队、争当钢铁传人"的连训，成为南部战区部队基层建设的一面旗帜。

"钢八连"展示馆设在珠海横琴岛末端八连营区内，运用图片、实物、音频、视频等手段，展示连队官兵弘扬传统、与时俱进、奋发图强的主要事迹和经验。近年来，"南海前哨钢八连"平均每年举办活动50次左右，每年接待各级党政军机关领导、企事业单位人员和学校教职员工、学生6000人次左右。该教育基地是全国全军先进典型单位，设施完备，功能齐全，具有较好的教育功能，在全国全军，特别是广东省和珠海市具有较大影响力。

珠海烈士陵园

珠海烈士陵园前身是为纪念建国粤军第二师新编团在香洲壮烈牺牲的27位军官而修建的香洲烈士墓，始建于1925年10月。

英雄埋骨

1924年9月，叶剑英任建国粤军第二师参谋长，到香洲建立新编团，培训大批革命骨干。1925年4月，国民党右派和土豪劣绅勾结，趁革命军东征，煽动兵变，杀害军官27人。兵变后被叶剑英率军平息。同年10月，叶剑英和香洲各界人民群众为纪念壮烈牺牲的军官修建香洲烈士墓。

悲泪狮山

陵园大门两旁的门亭嵌有1979年叶剑英题写的"珠海烈士陵园"园名，入门两旁各一行参天"英雄"（木棉）树，每年春季，红灿灿的一大片，实为香洲一大特色。入门左侧为建军广场，右侧为珠海市革命史料陈列馆。

主墓道左右各两排龙柏，庄严肃穆，沿墓道前行，高大的牌坊展现眼前，牌坊上刻着"香洲烈士墓"大金字，字体雄浑有力，也是叶剑英的手书，牌坊两边刻有一副对联：热血染香洲流芳万载；悲泪沾狮山景仰千秋。穿过牌坊拾级而上，设有瞻仰台、27座烈士墓、贲志亭、巨幅浮雕等。

满江红词

贲志亭，其意是嘉奖为革命献身的志士。亭后的石碑上，刻着叶剑英撰写的《贲志亭记》，碑文意厚情长，表达了对革命烈士的缅怀之情：

镇海狮山，突兀处，英雄埋骨。
曾记得，谈兵虎帐，三春眉月。
夜半枪声连角起，繁英飘尽风流歇。
到如今，堕泪忍成碑，肝肠裂。

革命史，人湮没；
革命党，当流血。
看揽枪满地，剪除军阀。
革命功成阶级灭，牺牲堂上悲白发。
更方期，孤育老能养，酬忠烈！

导航小卡片	
地　　址	珠海市香洲区凤凰路1149号
服 务 电 话	0756-2223186
开 放 时 间	烈士陵园：每天5:30—19:00 珠海市革命史料陈列馆：周三及周六9:00—16:00
票 务 信 息	免费

珠海市档案馆

珠海市档案馆是传播珠海历史文化和档案文化，开展市情、民情和爱国主义、革命传统教育的阵地。

卷帙浩瀚

珠海市档案馆是综合性国家一级档案馆，是珠海市国家档案资源永久集中保管基地和全市社会、经济发展研究等各方面工作利用档案资料的中心，集档案保管、对外服务、陈列展览、教育培训、技术服务等功能于一体。

目前，珠海市档案馆馆藏档案24万卷、27万件，资料1万多册，共31个档案类型。这些档案资料从各个不同的角度生动、形象地反映了珠海的社会历史和改革开放以来珠海市各行各业所取得的巨大成就，是一笔宝贵的社会财富。

馆藏革命历史档案主要是1925年叶剑英在香洲训练新兵时形成的香洲新编团档案，包括"香洲兵变"中遇难烈士名单和崇义社有关簿册、印章及叶剑英的题词、题字、书信等。

为了更全面、多层次地反映珠海历史，自20世纪90年代中期开始，珠海市档案馆通过征集和接受社会捐赠，大量补充特色馆藏，建立了具有珠海特色的馆藏档案体系。现在馆藏的新中国成立后档案已经比较系统完整，对旧政权改造、恢复和发展生产，尤其是对建市和成立经济特区以来珠海市各项建设事业的发展都有较详细的记述和反映。

珠海市档案馆充分考虑到档案社会化服务的需要，优化档案馆面向社会提供公共服务的功能，已向社会开放多个卷宗和档案，并且对馆藏档案进行了全文数字化处理，实现了馆藏档案的全文检索，真正实现了"五位一体"的理念，即成党和国家重要档案保管基地、爱国主义教育基地、政务信息公开场所、档案信息利用服务中心和电子文件管理中心。

档案馆通过展览、讲座、实践活动等各种形式，吸引市民特别是青少年更多地了解珠海历史和经济社会发展，增强他们的归属感和自豪感，树立他们热爱珠海、建设珠海的责任感和使命感。

导航小卡片	
地　　址	珠海市香洲区梅华西路118号
服 务 电 话	0756-2686083
开 放 时 间	8:30—11:30 14:30—17:00
票 务 信 息	免费
网　　站	www.zhda.gov.cn

三灶岛侵华日军罪行遗迹

三灶岛侵华日军罪行遗迹包括三灶镇辖区万人坟、千人坟、日军机场遗址、碉堡、弹药库、"慰灵"石刻、日军慰安所、兴亚第一国民学校遗址、兴亚第二国民学校遗址9处文物点。

万人遗骨

万人坟是华南地区最大的日军侵华罪行遗址之一。1937年12月6日，日本海军陆战队攻占了三灶岛，从1938年2月18日开始在岛上修建军用机场，命名为"海军第六航空基地"，把三灶岛作为侵略华南的军事秘密基地。日军侵华期间，在珠海地区犯下了罄竹难书的罪行，尤以三灶岛最严重。日军从4月12日到14日在岛上展开了大屠杀，共杀害三灶同胞3477人，饿死3500人，同时还将从朝鲜以及我国台湾、万山、横琴等地抓来修机场的4596名民工秘密杀害。

1948年，结束流亡生活重回本岛的村民将遇难者遗骸收葬，修建茅田村东万人坟。1979年，骨骸迁葬于竹沥山。万人坟共埋葬我国死难同胞6000余人，成为日本侵华战争的铁证。

勿忘国耻

1938年4月13日正是农历三月十三，多年来，每逢农历三月十三（万人坟祭奠日），三灶镇政府就会组织社会各界人士、港澳同胞和海外侨胞共同祭奠万人坟死难同胞，汲取前行力量。与此同时，镇政府组织文化部门对万人坟所反映的大屠杀事件历史资料进行了收集和整理，编著了《三灶1938》《浴火三灶》等书籍和影像光盘资料，并通过镇内各类宣教、宣讲活动，向辖区居民群众普及历史知识，加强爱国主义教育。

导航小卡片	
地　　址	珠海市金湾区三灶镇
开放时间	全天
票务信息	免费

珠海市林伟民与中国早期工人运动史迹陈列馆

林伟民是早期中国工人运动的杰出领导人，参与组织领导香港海员大罢工、上海海员大罢工和省港大罢工，是中华全国总工会第一任委员长。

工运领袖

林伟民于1887年出生，是珠海市金湾区三灶镇鱼月村人。他早年到香港谋生，在外国轮船上当海员。1920年起，林伟民和苏兆征在香港海员工人中进行革命宣传，发起组建了香港海员工会。1922年，林伟民和苏兆征等发动领导香港海员大罢工；同年8月，他发动和领导上海海员罢工。1924年，林伟民加入中国共产党。1925年，他当选为中华全国总工会第一届执行委员会委员长。1925年6月19日省港大罢工爆发后，他代表中华全国总工会参加了省港罢工委员会的领导工作。

不幸先逝

由于长期紧张繁忙的斗争和艰苦贫困的生活，使林伟民腿部的骨结核病在省港大罢工期间恶性发作，不得不住院治疗。然而，即使身卧医院，他仍关心和支持着省港罢工委员会的各项工作。

1927年5月，病情恶化的林伟民，再次被送进医院做手术。同年9月1日，他病逝于广州的医院，时年40岁。

广州盐船工人冒着极大的危险，偷运出他的遗体进行安葬。新中国成立后，广东省人民政府把他的遗骨移葬于广州银河革命公墓。

缅怀先驱

在珠海市金湾区三灶镇的伟民广场，矗立着一尊林伟民的铜像：他雄姿英发，右手拄着杖，左手插进裤兜，西服外套随风向后扬起，炯炯有神的目光迎风远眺。

林伟民与中国早期工人运动史迹陈列馆于2015年开始建设，2016年完工，2017年试运行。陈列馆一层主要为林伟民简介、生活时代背景及其成就展示，二层为中国早期工人运动史迹陈列馆，以中国早期工人运动的图片和文字、实物的方式进行展示。陈列馆已成为珠海市向党员、群众开展爱国主义教育和红色革命教育的重要场所。

导航小卡片	
地 址	珠海市金湾区三灶镇
服务电话	0756-7761171
开放时间	8:30—17:30，周一闭馆
票务信息	免费
微信公众号	三灶最前线

珠海圆明新园

一代名园圆明园的毁灭，既是西方侵略者野蛮摧残人类文化的见证，也是文明古国落后挨打的证明。中国人没有忘记这个教训，今天我们能在圆明新园领略"万园之园"的宏伟绚丽，也能感受"火烧圆明园"的切肤之痛。

火烧名园

北京西北郊的圆明园是一座举世闻名的皇家园林，它是中华传统造园艺术的经典与高峰，被法国大作家雨果称为"梦幻艺术的典范"。圆明园分为圆明园、长春园和万春园三个部分，多采取神话传说中的仙宫幻境，或仿历代著名山水画中的深山幽壑，或采江南旖旎多姿的名园胜景，还兼取了国外古典宫廷建筑的特点，成为当世罕见的园林集大成者，被誉为"万园之园"。

1860年10月6—18日，英法联军3500余人占领圆明园，疯狂地进行抢劫和破坏。短短12天里，圆明园惨遭侵略者大肆抢夺破坏，并被熊熊大火焚毁。圆明园的毁灭是中国文化史上不可估量的损失，也是世界文化史上不可估量的损失！

但是圆明园独有的皇家风范和风姿，一直铭刻在国人心中。修复和重建圆明园，成为中华儿女挥之不去的愿望。

传承创新

国盛园兴

"国败则园衰，国盛则园兴。"珠海经济特区成立后，决定在祖国南方以北京圆明园为原稿兴建圆明新园。当年英国侵略者曾经在珠海郊区的白石村受到过重创，人们在珠海建圆明新园，颇有深意。

圆明新园于1997年建成开放，融古典皇家建筑群、江南古典园林建筑群和西洋建筑群为一体，为游客再现圆明园当年的盛况。它以精雅别致的亭台楼阁和气势磅礴的大型清宫舞蹈表演吸引了无数国内外游客。

圆明新园以1：1比例精选圆明园四十景中的十八景修建而成，园内所有建筑景观均按圆明园原建筑尺寸仿建，"正大光明""九洲清晏""蓬岛瑶台""方壶胜景"景区组成中轴线为皇家宫殿式建筑群，中轴线西面是"远瀛观""大水法""海晏堂"等西洋楼景区，环湖有"曲院风荷""上下天光""平湖秋月""濂溪乐处"等十余处江南园林建筑景观。

其中，"正大光明"东西配殿的圆明沧桑史料展通过大量图片和实物展示了圆明园的兴衰历史，游客可在此间代入历史场景，沉浸体会时代变幻。

多年来，圆明新园游人如鲫，其中不少是来自海外的游客，观景的同时反思历史，共同祈愿世界和平。

导航小卡片	
地　　　址	珠海市九洲大道兰埔路与白石路交界处
服 务 电 话	0756-8610388
开 放 时 间	9:00—21:00
票 务 信 息	免费
网　　　址	www.zhymxy.com.cn
微信公众号	珠海圆明新园

万山海战遗址

中国人民海军首次战例——万山海战主战场，蕴藏着丰富的革命历史文化资源和遗迹。

英雄登陆点

　　广东省珠海市香洲区桂山岛吊藤湾是1950年5月25日中国人民解放军解放万山群岛的第一个登陆点，解放万山群岛战役是中华人民共和国成立后人民解放军的第一场海上战役。万山海战遗址含桂山舰英雄登陆点摩崖、桂山舰登陆战斗遗址、桂山舰烈士纪念碑、桂山舰烈士陵园，土地保护面积43200平方米，建筑面积共约1200平方米。桂山号英雄登陆点摩崖于1954年刻，桂山舰烈士纪念碑建于1963年，桂山镇人民政府至今多次对登陆点周围环境进行修缮。

在1950年4月中旬，海南岛解放以后，从海南岛撤逃的国民党海军第二舰队30多艘舰艇和游杂部队3000多人盘踞在珠江口，袭扰阻断华南海上交通。国民党企图依托香港、澳门，固守万山群岛，封锁华南出海口，把万山群岛作为派遣特务和反攻大陆的前沿阵地。为了彻底打破国民党的这个美梦，在1950年5月初，四野四十四军一三一师和广东军区江防部队根据中央军委和中南军区解放万山群岛的指示，制定了采用"近战夜战、逐岛攻击、依岛攻岛"的打法，定下"力求早打快打"的作战决心。当时的参战部队还包括两广纵队和珠江三角洲的部分炮兵，这也是解放军海陆两个军种首次协同作战。1950年5月25日凌晨2时，在一三一师三九二团副团长和江防部队炮艇队副队长的带领下，解放万山群岛的战役正式打响。万山群岛战役以木艇打沉了钢艇，是典型的以小胜大、以弱胜强的战例。它是中国海战史上的第一次，也是世界海战史上的奇迹。

海上红色之旅

1986年，解放万山群岛登陆点被公布为珠海市文物保护单位。万山海战遗址荣获省级不可移动文物保护单位（省第六批）、市级文物保护单位、省首批红色旅游示范基地、市级爱国主义教育基地等荣誉称号。近年来，遗址修缮和建设了桂山舰英雄登陆点、小桂山纪念公园、文天祥广场及诗碑廊等景观，逐步建立海上"红色之旅"品牌。

导航小卡片	
地　　址	珠海市桂山镇桂山岛
服务电话	0756-8851678
开放时间	全天开放
票务信息	免费

汕头市

国民革命军东征军总指挥部旧址

国共第一次合作下，经历了两次东征，东征军在收复汕头后设立国民革命军东征军总指挥部、政治部，指挥战斗，建立地方政府。东征的胜利，无疑是国共两党合作奋战的结果。

初征告捷

军阀陈炯明自1922年冬退据粤东东江一带后，一直和广州孙中山领导的革命政府相对抗。1924年冬，他自封为"救粤军总司令"，准备进攻广州。1925年1月15日，广东革命政府颁布《东征宣言》，2月1日，正式组成"国民革命军东征军"，出兵讨伐陈炯明，是为第一次东征。

第一次东征充分体现了国共两党在政治上的密切合作。中共广东区委委员长周恩来作为黄埔军校政治部主任，随军东征，担负着领导东征中全部政治宣传工作。黄埔学生军和共产党员勇敢作战，不怕牺牲，发挥了先锋骨干作用。东征军还得到海陆丰等地农民的配合和支援，从广东南部沿海东进，连战皆捷，打垮了陈炯明军的主力。

收复粤东

1925年6月，杨希闵、刘震寰在广州发动武装叛乱，广东形势危急。黄埔学生军和粤军立即回师镇压，迅速平定叛乱。陈炯明利用革命军队回师广州的机会，企图卷土重来。国民政府为了彻底消灭陈炯明军队，统一广东革命根据地，决定第二次东征。10月，东征军经过激烈战斗，一举攻占惠州。11月初收复潮安和汕头，将陈炯明在东江的主力全部歼灭。

合则两利

今天，东征军总指挥部旧址的围墙内，绿树成荫，鲜花环绕。两栋砖木混合结构的欧式"小红楼"，静静地矗立在葱翠的绿树间，显得庄严又神秘。旧址中的"东征历史陈列"展览的内容围绕在国共第一次合作下，由孙中山所领导的广东革命政府为讨伐盘踞在东江地区的军阀陈炯明的全部历程进行布展。"几番树帜思先哲，一统河山纪盛勋"，广大人民群众来这里回顾历史，缅怀先烈，展望未来。

导航小卡片	
地　　址	汕头市外马路207号
服务电话	0754-88434473
开放时间	9:00—17:00，周一闭馆
票务信息	免费
网　　站	www.stgmlsbwg.com
微信公众号	汕头市东征军陈列馆

汕头开埠文化陈列馆

汕头开埠文化陈列馆是全市唯一浓缩反映了汕头开埠的历史脉络、开埠的意义以及开埠带来的繁荣气象的陈列馆。

以史为鉴创未来

汕头开埠文化陈列馆大楼为一座中西合璧的欧陆式大楼。它始建于1907年，前身是日本台湾银行汕头支行旧址。银行在1945年抗战胜利后被撤销。汕头市金平区委、区政府于2010年5月决定将旧址建设为汕头开埠文化陈列馆，并于当年免费向公众开放。

陈列馆大楼静静地伫立于老汕头埠街区，笔直的墙体、哑红的格窗，见证了老汕头埠的建制沿革和盛衰更迭，散发着厚实的历史气息。

陈列馆将"以史为鉴、开创未来"作为指导思想，一楼为多功能展厅，二楼为永久式文物展厅，三楼"清音阁"为潮乐文化展厅，浓缩反映了汕头开埠的历史脉络、开埠的意义以及开埠带来的繁荣气象。

开埠旧照鸣交响

巨幅壁画话演变

走进古色古香的大门，映入眼帘的是一幅巨大的开埠文化壁画，上面"汕头埠"三个红色大字熠熠生辉。壁画由壁砖镶嵌而成，以素描的形式展示了开埠以来汕头政治、经济、文化的演变。

陈列馆进门处首层右侧，一只卡通化的"鮀鮀"作为陈列馆吉祥物迎接八方来客。"鮀"是传说中生活在汕头海域的一种鲨鱼。陈列馆首层是多功能展示厅，集中展示作为开埠文化发祥地汕头市的今日风采。

陈列馆二楼为永久式文物展厅，是整座开埠文化陈列馆浓墨重彩的地方。展厅照壁是一幅汕头开埠的老照片，题字"让历史告诉现在——汕头开埠交响曲"。整个展厅以"大浪淘沙"等九个组曲徐徐展开汕头开埠史。

二楼展厅还收藏了由市民、社会热心人士捐赠的100多件珍贵文物，其中有新中国成立前汕头的营业执照、老股票、侨批以及新中国成立初期的老照片等。三楼为潮乐文化展厅，展出潮乐乐器，也开展文化沙龙活动。

如今，络绎不绝的参观者走进汕头开埠文化陈列馆，体验"百年汕头时光之旅"。

导航小卡片

地　　址	汕头市永平路1号
服 务 电 话	0754-88277601，13302711193
开 放 时 间	周二至周五9:00—11:00，15:00—17:00 周六、周日9:30—17:00，周一闭馆
票 务 信 息	免费
网　　站	www.swatow.org.cn/welcome
微信公众号	汕头市金平区文化馆

汕头海关关史陈列馆

汕头海关关史陈列馆俗称"海关钟楼",是一栋欧式新古典建筑风格的两层洋楼,它依托省级保护文物——潮海关旧址(钟楼)而建成。

传世钟楼

　　建成于1921年的汕头海关钟楼,是汕头市区为数不多至今尚保存完好的民国时期欧式洋楼,是一处近现代重要史迹及代表性建筑。

　　1988年以前,钟楼一直是潮海关及汕头海关的总部机关所在地。2006年12月,汕头海关对钟楼进行原貌修复,修建为关史陈列馆,于2008年10月22日落成,免费对公众开放。

海关钟楼按原貌修复，仍保持当年的风格。钟楼的两侧是开放式的走廊，屋顶飞檐用160个米字窗作装饰，墙体所用的红砖和木质百叶窗，在翻新过程中本着修旧如旧的理念，只是对外观进行了简单的清洗和打磨，尽量保持原汁原味。

钟楼大门顶端的狮子浮雕显得庄严肃穆，在其下端为罗马数字大钟，"海关钟楼"因此而得名。大钟每逢正点就会报时，钟声清脆洪亮，新中国成立前曾是汕头市的"标准时间"。

文化辐射

汕头海关关史陈列馆内设有两层展厅。一楼展厅展示的是1685—1949年潮汕地区海关机构的设立与发展变迁。墙上展板以时间为线索，讲述了从清康熙年间粤海关最早在庵埠设立潮州总口，到1860年1月1日在妈屿岛设立由洋税务司管控的潮海关开关之后的演变和发展历程。展板及展柜还展出了丘逢甲、周恩来、马文车和郭沫若等仁人志士为早日收回海关主权而呐喊和斗争的历史档案资料，具有较高的历史文化研究价值、文物价值和纪念意义。

二楼展厅为"新中国成立后汕头海关的建设和发展"展区。展柜展示了汕头海关各个业务线条具有代表性的实物展品。其中有汕头海关查获走私的两件国家三级文物——隋朝鎏金带座佛像和宋代影青剔花瓶及2006年来查获的一起特大象牙走私案件中所缴获的象牙。

导航小卡片	
地　　址	汕头市金平区外马路2号
服务电话	0754-88292969
开放时间	周三、周六 9:00—11:30，14:30—17:00
票务信息	免费

汕头大学

造福乡梓

　　潮汕地区拥有超过1000万人口，土地资源匮乏，地狭人稠，工业基础向来薄弱，过去该地区内一直没有一所大学。李嘉诚基金会有感于要推动家乡的文化和经济发展，人才是最主要的关键，而大学是培养国民慎思明辨和具创意的思维方式、广阔的胸襟视野和正确的价值观、科技创念和专业技能的地方，因此发起在潮汕地区创办一所高水平的大学，借以培养有志、有识、有恒、有为的优质人才，让他们留在潮汕发展，进一步提高潮汕人民生活水平及繁荣工商百业。

汕头大学全体校领导、学院书记和院长在每学期开展"开学第一课"，并担任"形势与政策教育"课程教师，协同辅导员讲好思政课，推动形成育人合力格局。2019年新生开学第一课为《铭记七十年辉煌历程　新时代牢记使命建新功》，培养同学们的爱国主义情操。

学校建立"双带头人"培育工程，把符合条件的学术带头人培养选拔为教师党支部书记，实现基层党建工作与教学科研工作双促进、双提高。

学校开设公益课程、户外教育课程、整合思维课程等，把思政小课堂同社会大课堂有机结合起来，利用各种课程对学生进行爱国主义教育，将"学院+书院"双院协同育人的经验做法辐射全国。

学校定期组织学生开展"三下乡"活动，助力精准扶贫，服务乡村振兴战略。

成果丰硕

汕头大学于1981年经国务院批准成立，是教育部、广东省、李嘉诚基金会三方共建的高等院校。经过40多年的努力，奠定了持续发展的良好基础，实现了跨越式的快速发展，营造了一个培养优质人才的良好环境，形成了从本科生到博士研究生完整的人才培养体系。现已为社会培养出各类人才十余万人。

导航小卡片	
地　　址	汕头市大学路243号
服务电话	0754-86502343
开放时间	8:30—17:30，每天限流500人
票务信息	免费
网　　站	www.stu.edu.cn
微信公众号	汕头大学

中共中央至中央苏区秘密交通线汕头中站旧址

中共中央至中央苏区秘密交通线汕头中站旧址位于汕头市金平区海平路97号（原海平路98号），其楼北面与海平路99号、101号两座楼相连，均为三层的砼、砖、木混合结构，建筑面积约500平方米，建筑本体于2019年10月被公布为国家级文物保护单位，是汕头市一处重要的红色革命遗址。

中央秘密交通线

20世纪二三十年代的汕头，是个对外开放的商业港城。由于水运交通十分方便，北上可抵上海、青岛等地，南下可经香港及东南亚一带。这里既是闽西南和潮梅地区物资集散地，又是个繁华的消费商埠。1930年，中央作出将党中央领导机关转移到苏区的决定。在周恩来的直接领导下，于1930年秋冬间，由中央交通局开辟了一条由上海经香港—汕头—大埔—青溪—永定进入苏区的中央秘密交通线，其以历时最长（1931年初至1934年10月红军长征前）、始终保持安全畅通、出色完成任务而成为中国共产党在白区工作的成功范例。当时，周恩来、叶剑英、邓小平等200多名领导干部经中央秘密交通线进入中央苏区，中央秘密交通线为当时党中央领导机关顺利转移到苏区作出巨大贡献。

　　中央秘密交通线汕头中站充分利用汕头是港口城市、商贸发达的有利条件，积极采购急需物品送往苏区。同时，作为枢纽中转站，从上海、香港等地采购的物资也通过商业活动或社会关系等形式托运到汕头，由交通站设法运往潮州、大埔、闽西，送入中央苏区。苏区急需的无线电通讯器材，则由交通员携带，专程护送。据不完全统计，通过汕头中站先后输送苏区的食盐、布匹、电器、印刷机、军械等军需、民用重要物质有300多吨，为苏区反"围剿"斗争提供了必要的物质条件。

　　汕头中站是中央秘密交通线的枢纽中转站，在以周恩来为首的交通委员会和中央交通局的直接领导下，凭借交通员勇敢机智、不怕牺牲的精神，在地方党委和沿途革命群众的全力支持和密切配合下，在护送干部、输送物资、传送资金等方面圆满完成党中央交给的光荣任务，为红色交通线的安全畅通和中央苏区的巩固、发展乃至中国革命的最后胜利作出了重大贡献。

情景再现

　　目前，旧址经保护修缮，连同相邻的99号、101号一并建设开辟为专题展馆。97号展馆的一楼对当时的店面情景复原再现，二楼复原了当时的站长办公室及工作场所的情景，三楼则模仿当时地下工作者开展地下工作的场景；99号、101号展馆展示通过此秘密交通线护送的人员简介、输送的实物等。旧址于2019年1月1日正式对外免费开放，已接待游客20多万人次。

导航小卡片

地　　址	汕头市海平路97号
服务电话	0754-87297675
开放时间	9:00-17:00，周一闭馆
票务信息	免费
微信公众号	汕头市金平区文化馆
网　　站	https://hsjtz.swatow.org.cn/

汕头市档案馆侨批分馆（侨批文物馆）

国内外创办最早、规模最大、藏量最多的集观览、研赏、交流于一身的以侨批为主题的文物馆。

侨批为主题

侨批文物馆于2004年4月成立，2013年7月扩容迁址到外马路18号。侨批文物馆运用大量的侨批文物，揭示侨批的产生和侨批业发展的过程，彰显侨批对潮汕经济社会的贡献，展现华侨华人的移民史、创业史以及潮人亲乡顾家、行孝友善、守信重义的精神。

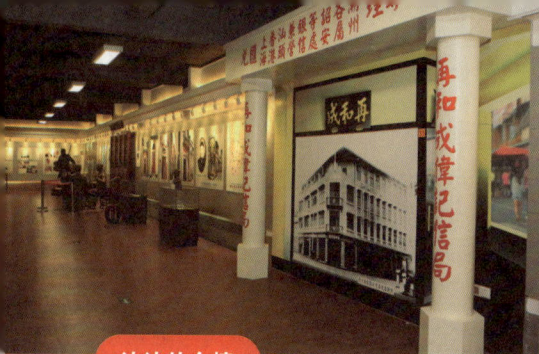

浓浓的乡情

侨批作为特定历史阶段的产物，在潮汕从出现到发展成为一种融邮传汇兑于一体的全新行业形态，其间经历了很长的过程。

18世纪以前，由于海上交通和与对外贸易日趋繁盛，沿海居民依赖宗族、同乡关系的互助牵引，离开家乡，结伴前往南洋各地谋取生计。其后，随着潮汕地区大规模海外移民浪潮的掀起，闯南洋、外出谋生的人越来越多，这时以"银信合封"为基本特征的侨批，更是因应海外侨胞和国内侨眷、侨属的共同需要，在潮汕地区大量涌现，并逐步由以往依靠个人带送，衍化和发展成为一种系统化、规模化的行业经营。

在此期间，侨批始终成为华侨眷属家庭经济生活的主要来源，同时也是海外华侨与国内亲友和侨乡保持密切联系的重要纽带。

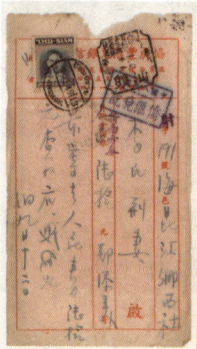

赤子的情怀

海外华侨在侨居地披荆斩棘，流血流汗，艰苦劳动，求得生存，把省吃俭用节约下来的收入作为赡家费用，寄回国内，以应家人所需；收入较丰的不忘汇款家乡购买土地，修建房舍、祠堂和书斋，兴办教育、卫生、医疗、体育和改善交通、环境等各项公益事业，或资助祖国抗灾赈灾，在国内兴办实业，发展民族工商业，乃至支持和支援历次的爱国运动，以实现其眷恋故土、眷恋家乡、造福桑梓、报效祖国的热切愿望。

华侨基于恋祖爱乡思想，用于报效祖国的款项，相当一部分是通过批信局、银信局等民间侨批机构办理。一封封侨批记载了华侨华人的奋斗史，诉说了海外游子的思乡情，见证了侨乡社会的历史变迁，传承了中华民族的传统美德，体现了海外侨胞爱国、爱乡、爱亲人的赤子情怀。

🚌

导航小卡片	
地　　址	汕头市金平区外马路18号
服务电话	0754-88280066
开放时间	9:00—17:00，周一闭馆（法定假日延长开放时间为9:00—17:30）
票务信息	免费
微信公众号	汕头档案

佛山市

佛山市祖庙博物馆

作为佛山市优秀传统文化的重要阵地，佛山市祖庙博物馆拥有深厚的历史人文底蕴，是人们了解佛山城市文明历史的重要窗口。

古建瑰宝

　　祖庙博物馆辖区包括祖庙古筑建群、孔庙、佛山祖庙历史文化陈列展览馆、黄飞鸿纪念馆、叶问堂等。

　　其中祖庙供奉道教真武玄天上帝，始建于北宋元丰年间（1078—1085），是全国重点文物保护单位，于1958年正式对外开放；孔庙建于清宣统三年（1911），为清末民国初尊孔场所，是佛山市文物保护单位，于1981年正式对外开放；佛山祖庙历史文化陈列展览馆是历史上第一个系统地介绍佛山祖庙历史文化的基本陈列，于2016年建成对外开放；黄飞鸿纪念馆、叶问堂为纪念佛山籍著名武术家黄飞鸿、叶问而设，于2001年建成对外开放。

祖庙博物馆馆藏文物以道教文物及佛山地方民俗文物为主。基本陈列充分展示佛山祖庙历史文化、道教文化、武术文化、佛山民间工艺等。

馆内每年举办春节祈福、佛山祖庙庙会（"三月三"北帝诞）、春秋谕祭、乡饮酒礼等影响深远的民俗文化活动，同时长年举办孔庙学童开笔礼、黄飞鸿醒狮表演、少年黄飞鸿武术表演、粤剧表演等民俗文化动态展示活动，并通过引进举办高品位和高质量的展览，不断丰富陈列展览资源，充分发挥了祖庙博物馆作为佛山对外宣传的重要文化旅游窗口的作用。在此人们可以领略佛山博大精深的历史文化、道教文化、儒家文化、粤剧文化和武术传统文化风采。

近年，祖庙博物馆结合馆内实际，利用馆内丰富的馆藏资源，常年开展各类公众文化活动和青少年公益性教育活动。每年举办的"春秋二祭"大典，博物馆均会组织佛山市内不同学校的学生代表到场观礼并参与各项民俗活动，让学生感受佛山厚重的历史传统和浓郁的人文情怀。博物馆还定期开展学童开笔礼活动，让少年儿童及其家长通过参与学童开笔礼活动，接受传统文化的洗礼，加深对传统文化的认识。祖庙博物馆已成为佛山市公众、特别是青少年学习岭南文化民俗传统、培育文化自信、陶冶文化情操的第二课堂。

导航小卡片	
地　　址	佛山市禅城区祖庙路21号
服务电话	0757-82286913
开放时间	8:30— 18:00
票务信息	全票20元，半票10元
网　　站	www.fszumiao.com/index.html
微信公众号	佛山市祖庙博物馆

康有为故居

康有为是戊戌变法运动的领导者，19世纪末中国向西方寻求真理的著名代表人物。在这座老屋中康有为度过了青少年时期，饱览群书让他初步形成维新变革思想体系。

康有为（1858—1927）生于广东南海，自幼勤学苦读，博闻多识，清光绪二十一年（1895）中进士，曾领导发动公车上书、戊戌变法等爱国运动。戊戌变法失败后，康有为游遍亚、非、欧、美四大洲，经三十一国，行六十万里，近距离考察了西方各国政治得失，以"神农尝百草"的精神去寻找医治中国的良药，毛泽东同志曾称赞他是中国共产党出世以前向西方寻找真理的先进中国人。

丹灶延香

康有为故居位于佛山市南海区丹灶镇苏村，原名"延香老屋"，是一座清代三间两廊硬山顶镬耳屋建筑。1858年3月19日康有为诞生于此。延香老屋始建于清中叶，至康有为时，康家已在老屋住了五代人，康有为称之为"百年旧宅"。老屋外有七桧园、澹如楼、康氏宗祠和康有为中进士时所竖立的旗杆夹石等。康氏家族藏书丰富，康有为从小在家乡博览群书，阅读了《瀛寰志略》《海国图志》《天下郡国利病书》《东华录》等，初步形成维新变革思想体系。

彰显精神

康有为博物馆位于康有为故居西北侧，是为纪念康有为而建的名人馆，2018年3月落成。馆内设有"康有为生平展"，包含"时代呼唤变革""家世及幼年时代""修养与讲学时代""领导戊戌维新变法运动""不懈的追求——康有为在海外"等八部分内容，通过文物陈列、场景模拟幻影成像、交互式媒介等多种方式，再现康有为的生平经历和毕生成就。

导航小卡片	
地　　址	佛山市南海区丹灶镇苏村
服务电话	0757-81001365，81001366
开放时间	9:00—17:00，周一闭馆
票务信息	免费
网　　站	www.nhmuseum.org
微信公众号	南海博物馆

铁军公园

当亲人劝她不要冒杀头的危险并答应送她到外国留学时，陈铁军断然回答说："正是革命到了紧急关头，才需要不怕危险的人。为大众的幸福而被杀头，也就是我的幸福。"

易名明志

陈铁军原名陈燮君，是华侨糖商的女儿。童年时，铁军便要求家里送她上学，像男孩子一样读书。1919年，当五四运动浪潮席卷全国时，许多青年学生从广州到佛山宣传，十五岁的铁军拉着小七岁的妹妹铁儿在街头听演讲、看传单。当时，有一支由广东省立女子师范学校学生组织的宣传队，她们大声疾呼反对帝国主义，反对封建主义，提倡男女平等，提倡民主和科学，像春雷一样唤醒了铁军幼稚而热烈的心。1926年4月，铁军加入中国共产党，从前，她的名字叫燮君，从这时起，她改名为铁军，表示跟旧我决裂，誓把一切献给党的革命事业。

铁军入党前后，国民党右派在中山大学中的右派组织"士的党"和"女权大同盟"，正妄图篡夺中山大学学生会领导权。铁军和一批革命学生与他们进行了坚决的斗争。她的表现受到了同学的爱戴，被选为中山大学中共党支部委员。与此同时，她积极参加劳动妇女运动，被选为广东妇女解放协会秘书长兼第三届委员、中共广东区委妇女运动委员会委员、妇女运动干部培训班主任。1927年4月15日，大批反动军警包围了中山大学。陈铁军得到情报，在千钧一发的时刻，以巧妙的化装，逃过军警的耳目，从城内跑到西关，通知因难产而在医院留医的邓颖超撤退。

大革命失败后，受中共党组织派遣，陈铁军装扮成广东省委候补委员周文雍的妻子，在广州做地下工作并参与了广州起义。1928年1月，被叛徒出卖的她与周文雍同时被捕。两人在狱中坚贞不屈，国民党当局无计可施，判处他们死刑。在共同进行革命斗争的过程中，周文雍和陈铁军产生了爱情。但为了革命事业，他们无暇顾及儿女情长。

1928年2月6日，在广州红花岗畔的刑场上，陈铁军和周文雍两位青年男女革命者，在敌人的铁窗下照了一张合照后共赴刑场。

导航小卡片	
地　　址	佛山市禅城区汾江西路15号
服务电话	0757-83363159
开放时间	公园全年开放 公园内陈铁军纪念馆开放时间： 周一至周五9:00—11:30，14:30—17:00
票务信息	免费

三谭革命事迹展览馆

近百年来，高明曾出现过不少忧国忧民的志士仁人，他们前赴后继投身于中国人民解放事业，不畏艰难险阻，不怕流血牺牲，在历史上写下了光辉的一页。被称为"革命三谭"的谭平山、谭植棠、谭天度三人，就是他们之中的佼佼者。

"三谭"映日

为了缅怀谭平山、谭植棠、谭天度，纪念他们对我国建党、建军、建国、统战等作出的不可磨灭的贡献，好让后人学习"三谭"的革命理想信念和爱国主义精神，高明区于1998年在明城镇沧江河畔、文昌塔侧建立了三谭革命事迹展览馆。展览馆首层正中央摆放着谭平山、谭植棠、谭天度的半身玻璃钢雕塑像，正气凛然。展厅展出有100多幅珍贵图片、国家和省领导人的题字以及相关视频，内容丰富多彩。展览图文并茂地反映了"三谭"在各个时期的光辉业绩，展现他们热爱人民、热爱祖国、热爱中国共产党，矢志革命、百折不挠的崇高精神。

革命中坚

"三谭"在高明长大,少年时代在家乡念书,青年时代求学于外地。1917年谭平山、谭植棠考入北京大学,积极投身五四运动及新文化运动。1920年,受陈独秀派遣,谭平山、谭植棠回广东参与创办广州社会主义青年团和筹建广东共产党组织。作为中共广东支部早期党员,谭天度参与广东党组织的创建活动。中国共产党创建时期,在谭平山、谭植棠等领导下,中共广东支部成为群众基础较好、坚强而有战斗力的一个地方党组织。

当年就有"南谭(平山)北李(大钊)中间陈(独秀)"的说法,认为他们是中国共产党创建时期广州、北京、上海三个地方的领袖人物之一。大革命时期,"三谭"积极投身孙中山领导的国民革命,为推动国共合作、推动国民革命的发展作出了不可磨灭的贡献。

志同道合

大革命失败后,谭平山、谭天度参加了南昌起义,谭植棠患重病回乡医治。南昌起义后,由于特定的历史原因,谭平山被错误地开除出党,谭天度到处寻找与党失散联系的同志……在革命处于低潮时,"三谭"有着共同的坚定信条:要革命不能离开共产党,不能放弃马克思主义。因此,在土地革命时期、抗日战争时期、解放战争时期和参与国家建设时期,他们时刻把自己个人的前途命运与中国共产党领导下的中国革命的命运和前途紧密联系在一起,始终坚定党的信念,不断为中国革命作出自己的贡献。

导航小卡片	
地　　址	佛山市高明区明城镇明七路332号文昌塔旁
服务电话	0757-88836959
开放时间	8:30—12:00,14:30—17:30,周一闭馆
票务信息	免费

中国人民解放军粤中纵队纪念馆

粤中纵队，是解放战争时期党中央批准成立的战斗在粤中地区的一支人民军队，是粤中人民的英雄子弟兵。粤中纵队纪念馆保存珍贵的革命历史资料，昭彰粤中军民的历史功勋。

光辉历程

高明是中共早期革命活动家谭平山、谭植棠、谭天度（史称"三谭"）的家乡，合水一带是粤中纵队当年的主要革命根据地之一，1949年8月1日，纵队在这里召开军民大会，正式宣布中共中央批准成立中国人民解放军粤中纵队的决定。新中国成立后，这里相继建有革命烈士纪念堂和革命烈士陵园。2005年，粤中纵队纪念馆在高明区更合镇建成。

纪念馆装饰设计简洁、庄重，全馆共分为三个部分：分别是展播厅、序幕厅以及史迹陈列厅。展厅陈列了粤中纵队各部队在各个阶段坚持粤中解放斗争的文物、图片、文字简介等资料近600多幅（件），再现了粤中纵队在解放战争中浴血奋战的艰苦斗争历程。

战功彪炳

粤中纵队的前身是广东人民抗日解放军，是中国共产党领导的广东中区人民抗日武装部队。粤中纵队主要领导人包括司令员吴有恒、政治委员冯燊、副司令员欧初以及副政委兼政治部主任谢创，下辖4个支（总）队、2个独立团。兵力从7800人发展到1.6万多人，牺牲的先烈有近700人，这其中有气壮山河的镬盖山六壮士、舍生取义的大队政委罗明、大义凛然的团长黄仕聪等。在艰苦的解放战争中，粤中纵队多次粉碎国民党军的"扫荡""围剿"，作战360多次，毙伤俘敌3000余人，瓦解和迫降国民党军5000余人，缴获六零迫击炮2门、轻重机枪118挺、长短枪2390多支及大批弹药和军用物资，控制和解放了粤中区的广大乡村。1949年10月，配合解放军野战部队追歼南逃之国民党军4万多人，解放了粤中全境。11月整编并入广东军区第五、第七军分区。

镬盖山六壮士

1949年7月8日，国民党军600多人偷袭驻扎在恩平萌底游击根据地的粤中人民武装。当时我驻军只有300多人，敌我力量悬殊。

红星连主力一排奉命据守镬盖山，前后击退了国民党军数次进攻。当一排狙击任务完成，部分战士已撤退时，另一股国民党军从另两侧迂回包抄。仍在坚守阵地的吴宽、关华、苏宙、谭植、关森、吴浓等6人枪弹已尽，在撤退无路的情况下，他们砸烂枪支，围在一起，高呼"中国共产党万岁"，由一排排长吴宽拉响最后一颗手榴弹，5人壮烈牺牲，关华重伤后获救。这就是六壮士用鲜血和生命书写的英雄史诗！

导航小卡片

地　　址	佛山市高明区更合镇更合大道合瑶路73号
服务电话	0757-88872959
开放时间	8:30—12:00，14:30—17:30，周一闭馆
票务信息	免费

佛山市顺德区西海抗日烈士陵园

西海村位于佛山市顺德区北滘镇东北部，是革命老区村，其地理位置十分重要，是全面抗日战争时期中共南番中顺中心县委和广游二支队在珠江地区创建的第一个抗日基地。这里发生了一次著名的以少胜多的战斗，被称为"西海大捷"。

日伪军蓄意进犯

西海大捷发生在1941年10月。当时，西海是全面抗日战争时期广游二支队的抗日基地。因不时出击日伪军，驻扎在这里的广游二支队受到日伪军极大仇视。日伪军为了维护其在番禺、顺德地区的"统治"，决定摧毁西海抗日基地，消灭广游二支队，拔除"眼中钉"。因此，以伪军第二十师副师长兼第四十旅旅长李辅群为首的驻番顺地区伪军制订了大举进攻西海的计划。1941年10月17日，伪军第四十旅七十九团、八十团、补充一团和伪护沙总队等共2000余人，在李辅群指挥下，兵分三路，水陆并进，疯狂地向西海抗日基地进犯。

佛山市　　爱国主义教　　　册

在西海的只有广游二支队战士和参加南番中顺中心县委举办的军政干部训练班的学员共约250人，敌我兵力悬殊。西海军民团结一致，齐心协力，利用西海河涌、鱼塘纵横交错的有利地形，以及蕉林、甘蔗林形成的天然"青纱帐"，把伪军绕得晕头转向，打得措手不及。在南番中顺游击区指挥部指挥林锵云、南番中顺游击区指挥部副指挥谢立全等同志的指挥下，战士们奋起抗击，由晨至暮，最终大获全胜。

是战，广游二支队以250人左右的兵力，死伤各1人的代价，击毙伪军前线代理总指挥、副团长祁宝林以下200余人，俘虏110余人，还有百余人在逃命时溺毙江中。西海大捷是珠江三角洲著名的以少胜多的战斗，是军民团结并肩战斗的典范。西海大捷轰动了珠江三角洲，挫灭了伪军的嚣张气焰，极大地鼓舞了珠江三角洲人民的抗战士气。

在长期的浴血抗战中，共有41位军民在西海献出了宝贵的生命。1952年，顺德县政府在当年西海大捷主战场之———西海石尾岗建立抗日烈士陵园，以纪念在抗日战争中牺牲的革命烈士，寄托顺德人民对革命先烈的崇高敬意和无尽怀念。陵园内的纪念碑是顺德现有的四座烈士纪念碑之一。

导航小卡片

地　　址	佛山市顺德区北滘镇西海烈士中路116号
服务电话	0757-26676013
开放时间	8:30-11:00，14:00-17:00
票务信息	免费

韶关市

中共广东省委粤北省委机关旧址暨历史纪念馆

1938年至1942年间，在广东抗日的危急关头，中共广东省委机关从广州先后迁至韶关五里亭、瑶坑、红围三地，在艰苦条件下领导全省的抗日救亡斗争，开展了大量卓有成效的工作。

蛰伏待发

1938年10月，日军攻陷广州，中共广东省委机关从广州迁到韶关，先是在市区西河的八路军驻韶关办事处驻扎，再落脚在帽子峰背后原韶州师范学院林场（现在的五里亭旧址），1939年冬至1940年春迁到南雄瑶坑，1940年7月至1941年春又迁至始兴红围。

广东省委先后在韶关西河黄田坝和曲江的马坝、南雄、赣南信丰县举办党员培训班，为各地党组织培养了大批骨干。1940年6月，中共广东省委书记张文彬传达了中央"隐蔽精干，长期埋伏，积蓄力量，以待时机"的指示，将中共广东省委分为粤北省委和粤南省委，粤北省委仍驻红围。

中共广东省委粤北省委旧址有多处，分布在韶关五里亭、南雄瑶坑村、始兴红围等地。

五里亭旧址，建筑面积约450平方米，房屋分两边排开，共有10间房，均为一层的泥瓦砖平房，正门建有门牌坊。2009年4月，该旧址被列为韶关市重点文物保护单位。

瑶坑村旧址由大小五间房屋组成，为土木结构。从道路旁进入，第一间房就是原来的办公室，面积50多平方米。其余四间是休息室和秘密会客室。

红围因整个围子为红色，故得名。它是个正方四合院，院内有一座五层楼高的楼房。日军攻陷始兴时，红围被焚毁，现仅存半截遗址。

从1938年10月至1942年5月，中共广东省委粤北省委在韶期间，在党的建设、领导人民抗日武装的发展以及建立抗日民族统一战线、参与"儿教院"抢救和养育难童工作等方面开展了大量卓有成效的工作，并领导开展了著名的粤北抗战文化活动，为华南地区开辟成为全国三大抗日敌后战场之一奠定了重要基础。同时，领导各地党组织和全省人民开展了轰轰烈烈的抗日斗争，书写了敌后抗战史上壮丽的篇章。

中共广东省委粤北省委，创造性地贯彻党中央的全面抗战路线，推动抗日救亡运动的发展，创建敌后人民抗日武装和根据地，使广东成为国民党统治区共产党员最多的省份之一，统一战线工作取得了突出业绩，并开辟了华南敌后抗日战场，为民族的独立和人民的解放事业建立了不朽的历史功绩。

导航小卡片	
地　　　址	韶关市浈江区五里亭良村
服 务 电 话	0751-8202863
开 放 时 间	9:00—16:30，周一闭馆
票 务 信 息	免费
网　　　站	www.shaoguanmuseum.com
微信公众号	韶关市博物馆

仁化县石塘镇双峰寨

双峰寨见证了中国共产党领导的农民自卫军与农民群众积极参加革命、抛头颅、洒热血的悲壮与豪情！

巍峨双峰

　　巍峨的双峰寨，坐落在韶关市仁化县石塘镇。它实际是一座城堡，始建于清末，由当年本地乡绅李德仁用了十六年时间建成，寨内墙砖有文字记载"费金三万"。

　　原来的双峰寨在1949年以前已经崩塌，现为新中国成立后重修。双峰寨是至今存世少有的巨型寨堡，由石灰及青砖砌成，主体呈长方形。欲进寨门须先由吊桥过护城河，第一重大门用独株樟木制成，厚约17厘米，大门顶书"双峰保障"四个大字；第二重门与大门结构相同，门顶书"保安门"三个大字。寨内主楼为5层，高15.3米，4个炮楼比主楼稍矮。寨墙走廊、炮楼共有55个炮眼，居高临下，易守难攻。

让双峰寨铭记于史册的，不仅是其建筑本身的特色，更是它作为大革命时期农民运动的"红色战斗堡垒"，在中国农民运动史上留下了值得铭记的一页。

大革命时期，石塘乡农会设在双峰寨内，是共产党领导的农民自卫军与国民党反动派斗争的红色堡垒。1927年，大革命失败后，国民党反动派对共产党和革命群众实行血腥镇压。石塘农会组织群众把大批物资集中在双峰寨内，并在寨内练兵，准备同敌人作持久斗争。

固若金汤

1928年3月29日，反动派突然包围双峰寨。寨内700多军民在营长李载基的指挥下，与国民党反动派展开历时九个多月的双峰寨保卫战，一次又一次地粉碎了敌人施展的诱降、火攻、炮攻、"铁乌龟"偷袭、偷泄护城河水等破坏袭击。国民党军恼羞成怒下甚至出动飞机轰炸，双峰寨岿然不动。由于长期围困，寨中缺水，疟疾流行，我方军民伤亡甚大。为了保存革命力量，我方于11月中旬，分三路突围。

双峰寨保卫战，震撼粤北，中共广东省委在《纪念死难诸先烈》一文中说："这亦是农民暴动中最伟大的战斗！"双峰保卫战在粤北农运史上写下了光辉的篇章。

导航小卡片

地　　址	韶关市仁化县石塘镇石塘村双峰寨
服务电话	0751-6394008
开放时间	8:30—12:00，14:30—17:30
票务信息	免费

韶关市曲江区博物馆（马坝人博物馆）

"东亚茫茫人类史，云开马坝界天南"，马坝人遗址的出土，对于研究中国南方地区早期人类体质形态的演化具有重要意义。

探洞考古

　　马坝人，生活在距今12.95万年至13.5万年的旧石器时代，是介于中国猿人和现代人之间的一种古人类型。1958年发现于韶关市曲江区马坝镇狮子山石灰岩溶洞中的马坝人头骨化石，是迄今为止广东省发现的唯一的古人类化石。

　　1958年5月，曲江县马坝乡农民为了扩大丰收，在周边区域积极调查肥源。他们发现当地狮子山附近的稻子长得特别肥壮，就在这里探究肥源，最后竟在狮子山的岩洞内挖出了动物骨化石和马坝人的头骨化石，广东省博物馆闻讯立即派人前来考古并保护文物。

进化标记

马坝人化石（下图）为一头骨的颅顶部分，包括额骨和部分顶骨，还保存了右眼眶和鼻骨的大部分，属一中年男性个体。马坝人眉脊粗厚，眶后部位明显收缩，额骨比顶骨长，表现出和直立人类似的原始特性。但颅骨骨壁较薄，颅穹窿较为隆起，脑量可能较大，估计超过北京人化石，又具有智人的进步性质。马坝人虽仍保留猿人眉骨前缘向前突出、头顶盖低平的特征，但比北京猿人已有了很大的变化，代表直立人转变为早期智人的重要环节。

马坝人遗址的发现，对于研究中国南方地区早期人类体质形态的演化具有重要意义，对研究古人类活动和当时的地理气候及生态环境都有很大帮助。

导航小卡片	
地　　址	韶关市曲江区马坝镇狮岩路4号
服务电话	0751—6666561
开放时间	8:30—17:30
票务信息	免费

韶关市博物馆

韶关地处粤北，向有"唇齿江湘，咽喉交广"之称，为五岭南北经济文化交流之枢纽，历代兵家必争之地。韶关市博物馆成立于1960年，是国家二级博物馆，于2002年3月对外开放。

旧貌新颜连古今

韶关市博物馆前门墙镶嵌红砂岩浮雕，左边浮雕刻画远古时期"舜帝登韶石奏韶乐"的传说，右边浮雕刻画十多万年前"马坝人"的生活情景。

韶关市博物馆是一个以地方史志为主的综合性博物馆，收藏陈列本市出土的历史文物、革命文物以及其他各类传世文物。博物馆下辖管理的八个场馆包含韶关地标性建筑和遗址性建筑：韶阳楼、风采楼、府学宫、张九龄纪念馆及家族墓地等；革命遗址性专题场馆包含：北伐战争纪念馆、斌庐、中共广东省委粤北省委五里亭机关旧址等。

博物馆现有各类藏品1万余件，其中近现代文物具有全国意义。如馆藏1922年韶关北伐大本营所用剔地龙纹酸枝办公桌（右图）、1927年朱德途经韶关时用过的藤箱（上左图）、1927年北江农军学校同学录（上右图）等文物，具有很高的历史、文化、艺术、科学价值。

革命精神代代传

目前馆内常年对外开放的五个固定陈列包括：韶关人文历史陈列，以图片为主，实物为辅，分别介绍上至马坝人、石峡文化，下至解放战争时期的韶关古代史和近现代革命史；馆藏陶瓷陈列，展示馆藏瓷器精品及部分本市出土的陶器，以传播中国悠久陶瓷知识为目的；书画陈列厅，展出馆藏字画作品或拓片；馆藏集萃陈列展示馆，藏有部分有特色的文物；韶关工矿文化展，展示了韶关工矿行业在新中国成立后的发展历程以及在发展中形成的特有的韶关工矿精神。

博物馆每年还不定期举办各类社教活动，面向群体以少年儿童为主，也有面向韶关广大市民的活动，深受欢迎。

导航小卡片	
地　　址	韶关市武江区工业西路90号
服务电话	0751-8172239
开放时间	9:00—16:30，周一闭馆
票务信息	免费
网　　站	www.shaoguanmuseum.com
微信公众号	韶关市博物馆

红军长征粤北纪念馆

　　红军在粤北韶关的活动，贯穿了红军初创、发展壮大、长征和南方三年游击战争的历史，是中国共产党领导的中国工农红军进行革命斗争不可分割的重要历史，见证了中国共产党领导的中国革命事业的艰难历程，也见证了广东人民为中国革命事业作出的巨大贡献和牺牲。

光辉足迹

　　1934年10月红军第五次反"围剿"失败后，中央红军主力踏上战略转移的漫漫征途。红军离开中央苏区的跨省第一站，便是广东北部，此地毗邻赣、湘两省，五岭逶迤，密林丛生，是红军挺进西南的必经之路。

　　中央红军长征过境广东，途经南雄、仁化、乐昌等地，一路日夜兼程，期间与国民党军队展开多次激战，突破第二、第三道封锁线，扫除西进障碍，从而极大保证了中央军委纵队和主力红军的顺利进军。红军在粤北逗留的时间虽仅有21天，但却有红军标语、战壕等诸多珍贵文物、遗址和遗迹留下，这也是红军长征留给广东的一笔宝贵的精神财富。

穿越封锁

纪念馆将分散在粤北地区的各类红军历史文物、文献纳入加以保护，形成一个以纪念馆为中心辐射全省的红色教育基地，以更好地开展以红军长征为主题的爱国主义教育和党史军史教育。

纪念馆楼共两层，每层高5.8至6米，包括序厅、展厅、藏品库房、报告厅、多媒体中心及纪念广场等。纪念馆设计以圆形作为建筑主体构图，整体基底步步递进，屋面层层升起，形成"向前向前向前、向上向上向上"的积极拼搏进取的趋势，契合为了救国救民，不怕任何艰难险阻，不惜付出一切牺牲的伟大长征精神。

主馆以"穿越封锁"为形象符号做成纪念碑式标志，顶立红五星，犹如镶嵌在粤北红土绿地碧水间的红色星火，激励我们弘扬伟大长征精神，走好今天的长征路。

主题陈列

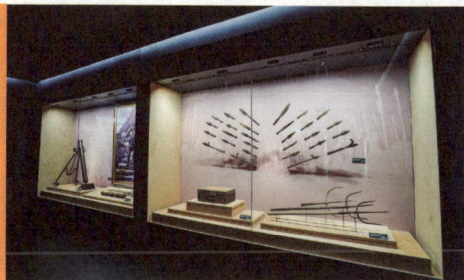

纪念馆一共分为五个部分18个单元，主题陈列"长征·粤北突围"全方位地展现了南昌起义军余部、红四军、红五军、红三军团和红七军等红军主力部队转战粤北，先后经过南雄、仁化、乐昌三地，顺利突破国民党军队设置的三道封锁线以及继续留守在赣粤边的红军和游击队在极端艰难的条件下坚持艰苦卓绝的三年游击战争的光辉历史，展示了粤北人民积极支援红军的军民相依鱼水情。

纪念馆展览在内容设计和编排上以编年体陈列与专题陈列相结合，突出文物在陈列中的地位，在展览中尽量多使用文物，通过历史文物反映和见证红军长征艰苦卓绝的历史，使观众从中感悟到不朽的长征精神。

导航小卡片

地　　址	韶关市仁化县城口镇城群村
服务电话	0751-6800801
开放时间	9:00-17:00，周一闭馆（重大节假日正常开馆，节日后一天闭馆）
票务信息	免费
微信公众号	韶关市红军长征粤北纪念馆

河源市

紫金县苏区革命旧址群

河源市紫金县苏区镇是广东最早点燃革命薪火的地方之一。苏区镇主要有紫金县苏维埃政府旧址(红屋)、"血田"遗址、苏区革命烈士纪念堂、苏区革命烈士纪念碑等20处革命旧址及纪念建筑。

革命薪火

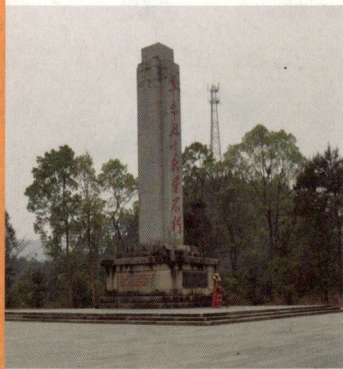

紫金县苏区革命旧址群位于河源市紫金县苏区镇，该镇是著名革命老区，原名炮子乡，1958年国务院批准以"苏区"命名。

在革命战争时期，苏区镇是全国最早建立农会组织、农民武装和创建农村革命根据地的地方之一，在这块红色的土地上，周恩来、彭湃、徐向前等革命先辈曾亲临指导工作，许许多多革命志士曾在此浴血奋战，保留下来的革命旧址众多，爱国主义和革命传统教育资源极为丰富。

1927年4月26日，紫金党组织发动的"四二六"武装暴动，是广东乃至全国最早举行的县级武装暴动之一。武装暴动成功后在县城成立了紫金县人民政府，随后在炮子乡建立了紫金县苏维埃政府，这是全国最早的县级苏维埃政府之一。革命烈火遍布全县各地，势若燎原，给国民党反动派和地主豪绅沉重打击。

"血田"惨案

1928年4月，国民党粤桂军阀黄旭初部大举"进剿"炮子革命根据地，在炮子乡古井坵共枪杀共产党员和革命群众450多人，一时血流成河，这就是惨绝人寰的"血田"惨案。土地革命时期，紫金苏区一带被杀害、摧残致死的共产党员和革命群众有3000多人，其中全家被杀害的有330多户，被烧毁的房屋15000多间。为缅怀革命先烈，后人在这里建立了"血田"碑（右上图）。

历史承载

苏区镇是广东省著名的革命老区，是全国唯一以"苏区"命名的乡镇，苏区革命旧址群主要有紫金县苏维埃政府旧址、海陆紫苏维埃政府旧址、炮子乡农会（县总农会）旧址（下图）、红二师师部旧址（右图）、红军医院旧址、红军兵工厂旧址、红十一军四十九团团部旧址、"血田"遗址等20处革命旧址及纪念建筑。

这些旧址承载着历史的印记，渗透了先烈的热血，给后人留下了宝贵的精神财富。

导航小卡片

地　　址	河源市紫金县苏区镇
服务电话	0762-7823954
开放时间	周一至周六8:30—12:00，14:30—17:00
票务信息	免费
微信公众号	紫金县博物馆

阮啸仙故居

阮啸仙是广东河源人，中国共产党最早的50多名党员之一，杰出的无产阶级革命家，忠诚的共产主义战士，人民审计制度的奠基人，中国共产党革命战争时期的肃贪能手。

农运专家

大革命时期有一位与彭湃齐名的著名农民运动领袖，他积极开展农民运动，是人民审计制度的奠基人，也是中国共产党早期的重要领导人之一，他就是阮啸仙。

1925年1月，阮啸仙担任第三届广州农民运动讲习所主任，并任前后历届农讲所教员，讲授"中国农民运动"。大革命失败后，阮啸仙奉命秘密转移到香港。高度近视的他，平时总是戴着一副眼镜。为防被敌人认出，他就摘下眼镜。因此，他外出活动时，总是摔得鼻青脸肿。后来，阮啸仙经过一段时间的苦练，终于可以不戴眼镜也行走自如，数次与敌人擦肩而过也未被发觉。

1927年，中国共产党第五次全国代表大会上，阮啸仙当选为中共中央监察委员会候补委员。1934年1月22日，中华苏维埃共和国第二次工农兵代表大会上，阮啸仙提出建立和完善人民审计制度的建议，不仅得到与会代表的一致拥护和坚决支持，而且引起了党中央和毛泽东的高度重视。大会接受了阮啸仙的建议，通过了《中华苏维埃共和国中央苏维埃组织法》，第一次将中央审计委员会的制度以法律形式确认下来。

后来，他又被选举为中央审计委员会主任，本有"白面书生"之称的阮啸仙，在开展审计肃贪时，沉着冷静，铁面无私，宛若"黑面包公"。他常说："自古正人先正己，凡事必须以身作则，以身示范，这样才能树立起一种正气、硬劲，没有正气难以审查出问题，没有硬劲难以除弊。"

1935年3月，阮啸仙在率赣南省委与军区冲破国民党军队重围的战斗中牺牲，年仅37岁。

阮啸仙故居建于清代，由大堂面老屋和阮啸仙书屋组成，是典型的客家文化遗产。大堂面老屋是阮啸仙出生的地方，建筑由三堂四杠加一后排屋布局构成，属围屋式民居。阮啸仙书屋位于大堂面老屋西南侧约200米处，是他童年学习和生活的地方。

"坚忍卓绝为吾人本色，艰苦奋斗是我辈精神"，这是阮啸仙从事革命的励志誓言，高度展示了他的高尚情操和英雄本色。

导航小卡片	
地　　址	河源市东源县义合镇下屯村
开放时间	8:30—17:00
票务信息	免费

河源市源城区
阮啸仙烈士陵园

阮啸仙烈士陵园位于河源市人民广场西。为纪念阮啸仙等革命先烈，河源县人民政府于1958年12月建立了阮啸仙烈士陵园。

缅怀先烈

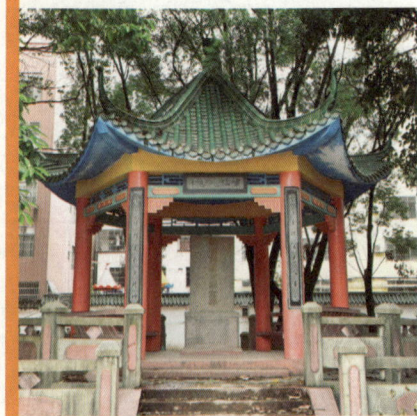

河源阮啸仙烈士陵园是为纪念阮啸仙等革命先烈而建立，后经两次扩建，园内有阮啸仙烈士纪念亭、革命烈士纪念碑、纪念墓各一座，墓碑上铭刻着377位河源籍革命先烈的芳名。1987年，陵园内安放了一座阮啸仙烈士汉白玉雕像。

每年的清明、七一等节日，很多人来这里缅怀先烈。2005年，园内新建了河源市革命历史、革命烈士纪念馆，纪念馆陈列河源知名烈士资料、革命文物400余件。

中流砥柱

走进纪念馆展厅，一幅气势磅礴的油画展现在眼前：蜿蜒起伏的九连山下，革命领导人周恩来、叶剑英、徐向前、阮啸仙和彭湃聚在一起，领导河源人民进行武装斗争。

烈士展厅展示了23位革命烈士的事迹。河源是革命老区，具有光荣的革命传统，一大批河源英雄儿女为了民族解放和新中国的成立作出了不可磨灭的贡献，其中影响较大的有阮啸仙、刘尔崧、黄居仁、刘琴西等革命烈士。

展厅展示了大革命时期、土地革命战争时期和抗日战争时期河源人民革命斗争史实。1925年春，广东区委农民运动委员会书记阮啸仙回乡访贫问苦，向农民宣传革命道理、培养农运骨干。在艰苦卓绝的斗争环境中，河源地区的党组织和革命力量经受了考验和锻炼。

迎接解放

在纪念馆周围的墙壁上刻画着阮啸仙传奇的人生，他的品质也刻录在日常生活的点点滴滴里。即使家里有困难，阮啸仙也无法从经济上给予接济。有一次，他儿子写信要钱缴学费，阮啸仙回信说："我现在没有钱，连寄信邮票都是借钱买来的。你在家里要节俭，一支火柴也来之不易，要经过工人的加工制成。要自己想办法，不要依赖别人。"

党和人民将永远铭记阮啸仙的英雄事迹。2009年，阮啸仙被评为"100位为新中国成立作出贡献的英雄模范人物"之一。

导航小卡片

地　　址	河源市源城区公园路47号
服务电话	0762-3316515、03319903
开放时间	8:30—12:00，14:30—17:30
票务信息	免费

河源市龙川县
福建会馆

福建会馆既有很高的建筑历史艺术研究价值，更有革命纪念意义。

革命之所

福建会馆始建于清代，为当时在龙川县的闽籍商人投资兴建的同乡会会所，呈三进院落式布局，土木结构，灰沙夯墙，硬山顶，灰瓦屋面，灰沙地面。门额石匾阴刻"福建会馆"。1923年至1925年，彭湃曾两驻福建会馆，宣传革命思想，播下农民运动的火种。1925年秋，反动军阀陈炯明辖下的海丰县县长逮捕了当地多位农会干部。在福建会馆，彭湃与何长工、林务农等人同陈炯明的部下进行谈判，最后把农会干部营救了出来。

1925年10月，东征军左路军曾在福建会馆设立指挥部，左路军纵队长程潜和中共党代表林伯渠也随军住在这里。

组织营救

　　福建会馆也是抗战时期中国共产党领导和指导的"香港文化名人大营救"指挥部之一，文化名人赴内地的中转站。

　　1941年末，日军攻陷香港，大批民主和文化界进步人士滞留香港。八路军驻香港办事处负责人之一、"香港文化名人大营救"负责人之一连贯当时就住在福建会馆，他参与精心安排和指挥大营救。最终，何香凝、茅盾、邹韬奋、夏衍、范长江、廖沫沙等被困在香港的文化界著名人士和爱国民主人士共300余人，穿过日寇的重重封锁线，乘船沿东江逆流北上，平安转移到中转站——龙川县老隆镇，并被安排在福建会馆和附近的义孚行和侨兴行等店铺，安全撤离香港。而"香港文化名人大营救"也曾被著名文学家茅盾称为"抗日以来最伟大的抢救工作"。

最早解放

　　1949年5月14日上午10时，粤赣湘边纵队东江第二支队解放了龙川县城（今佗城），龙川成为广东省最早解放的县。

　　6月1日，龙川县人民政府在老隆福建会馆成立，魏南金任县长。从此，龙川掀开了历史发展的新篇章。

　　福建会馆陈列布展以大革命至中华人民共和国成立间发生在龙川县的主要革命事件为背景，以发生在福建会馆的事迹为主要内容，图文并茂，实物与图文相结合。附属建筑龙川解放广场，位于福建会馆对面，2011年兴建，设有龙川解放人物石浮雕和革命史迹简介碑刻，供后人瞻仰。

导航小卡片	
地　　址	河源市龙川县老隆镇华新居委会华新路39号
服务电话	0762-6752532
开放时间	9:00—17:00，周一闭馆
票务信息	免费

闽粤赣边五兴龙县苏维埃政府旧址

闽粤赣边五兴龙县苏维埃政府是闽粤赣边建立起来的第一个县苏维埃政府，闽粤赣边五兴龙县苏维埃政府旧址及其附属革命纪念建筑是龙川县作为中央苏区县的重要依据。

红旗树立大塘肚

1928年，中国共产党领导的五华、兴宁和龙川三县"年关"工农武装起义失败后，三县边界山区成为革命力量开辟革命根据地的重要区域。1929年1月，中共龙川县临时工作委员会和龙川县临时革委会在大塘肚成立，叶卓任县临委书记，并组建东江游击队。1929年1月，为配合毛泽东、朱德率领的江西井冈山红四军主力分兵闽粤赣边扩展，建立革命根据地，东江特委巡视员刘琴西在叶卓、罗屏汉等陪同下，多次勘察龙川大塘肚、兴宁笔架山、双头山等地的地形，最终确定大塘肚为三县革命中心根据地。3月初，五华、兴宁、龙川三县工农代表大会在大塘肚召开，出席会议代表80余人。大会通过了成立闽粤赣边五兴龙县苏维埃政府，同时还分别建立赤龙铁、龙老鹤、岗马坪和罗黄等4个联区政府及其中共区委，联区以下设乡苏维埃政府。另外，将东江和龙川县游击大队合编，建立五兴龙县游击大队。

五兴龙县苏维埃政府成立后，采取多种措施来发展巩固苏区。在苏区机关驻地大塘肚乡实行土地革命。1929年，五兴龙县苏维埃政府在一座建于清代的打铁铺设立兵工厂，为游击队修造武器。

五兴龙县苏区的建设得到了当时党中央主要领导人的重视和支持，1930年8月，红四军前委秘书长古柏受党中央委派在五兴龙党政军领导干部学习班授课，强调革命者要过"五关"，即政治关、思想关、社会关、生活关和宗族关。

1929年6月至1930年冬，敌人对五兴龙县苏区机关驻地龙川大塘肚进行了反复"围剿"，当地男女老少都参加了反"围剿"。一年多时间里，大塘肚根据地经历了大小战斗24次，以致大塘肚苏区十室九空，苏维埃政府旧址多次被敌人焚烧。

1962年，为纪念五兴龙县苏区在土地革命战争时期牺牲的革命烈士，回龙镇人民政府在东北村横岗昃兴建了一座革命烈士纪念碑。

2011年，龙川县将闽粤赣边五兴龙县苏维埃政府旧址按照原貌恢复的原则进行修缮，图文并茂地再现了革命先辈在龙川指导革命的实景以及苏区干部的革命情怀。闽粤赣边五兴龙县苏维埃政府旧址，对研究土地革命战争时期中国共产党领导当地群众开展革命斗争的史迹有很高的价值，具革命纪念意义。

这朵深山幽谷中的"红色之花"正悄然绽放。

导航小卡片	
地　　址	河源市龙川县回龙镇大塘肚村
服务电话	0762-6752532
开放时间	9:00—17:00，周一闭馆
票务信息	免费

新丰江水电厂

在艰苦的条件下，新丰江水电厂于1958建成，创造了我国水电站建设速度最快、工期最短的奇迹。

绿色能源

在河源市西南方6公里，位于珠江水系东江支流新丰江下游亚婆山峡谷出口处，建造着一座新丰江水电厂。

它现在的正式称谓是"广东粤电新丰江发电有限责任公司"，这是一座由我国自行设计、自行安装、自行施工的大型水电站，具有发电、供水、防洪、灌溉、航运等综合功能。

新丰江水电厂建有超百米的雄伟大坝和省内最大的常规水利发电机组。蓄水容量140亿立方米的万绿湖，成为水电厂发电机组源源不断的能量源泉。

新丰江水电厂拥有青山绿湖，环境优美，被誉为"东江明珠"。这里，大坝巍然屹立，源源不断的电能流向南粤大地，体现了现代工业与大自然的和谐相处。

高坝耸云

新丰江水电厂依托深厚的历史和万绿湖得天独厚的自然风光、丰富翔实的爱国主义图片资料，打造独具特色的爱国主义教育基地，先后建设了东江明珠一号、二号展览厅，配备了触摸电脑、影视播放系统等设备和发电机组模型，完善了大坝和库区、发电厂房、退役水轮发电机转轮等的参观简介、历史图片介绍，形成了以大坝、发电厂房、展览厅为主线的参观景点。

通过东江明珠展览厅内的历史图片资料，广大游客可了解中华人民共和国成立初期的水电建设情景，体会在大坝建设时建设者们如何怀着对祖国的热爱，用自己的满腔热情，在艰苦的条件下建成我国水电站建设速度最快、工期最短的大型水电站。

导航小卡片	
地　　址	河源市源城区新江三路298号
服务电话	0762-3302309
开放时间	8:00—17:30
票务信息	全票20元，半票10元

梅州市

谢晋元故居及纪念馆

1937年，谢晋元创下了以"八百壮士"坚守四行仓库，掩护主力部队撤退的伟大壮举，鼓舞了人民的抗战热情。

孤军守"四行"

　　谢晋元，字中民，广东梅州蕉岭人。毕业于黄埔军校第四期， 1926年、1932年、1937年先后参加北伐战争、闸北抗日、淞沪抗战，历任国军排长、连长、营长、副团长、师参谋、旅参谋主任等职。

　　谢晋元是著名抗日英雄，淞沪会战中他率"八百壮士"死守上海四行仓库，被国民政府授予抗战最高荣誉奖章。四行仓库保卫战发生于1937年10月26日至11月1日，它的结束标志着中国抗日战争中"淞沪会战"的结束。1941年4月24日，谢晋元被汪精卫收买的叛徒刺杀身亡。消息传出，举国震惊，上海10万民众前往瞻仰遗容。同年，国民政府追赠谢晋元陆军少将军衔。

　　新中国成立后，上海建立晋元高级中学，并以晋元路命名道路作为纪念。

　　谢晋元故居建于清代咸丰年间，坐西北向东南，占地面积约1080平方米，建筑面积约675平方米，悬山顶，是沙灰瓦木结构的杠式客家围屋。

　　故居的展览内容主要包括谢晋元将军及其家世渊源和中国人民抗日战争主要战役两部分。

缅怀先烈

　　为进一步弘扬将军的英雄事迹，2000年在故居旁兴建了谢晋元纪念馆，成为开展爱国主义教育的基地、海峡两岸经贸文化交流的窗口。

　　谢晋元纪念馆通过运用珍贵的音像、图片、实物、史料和纪念书画等资料，展示谢晋元将军可歌可泣的抗日英雄事迹。一楼设有抗日影片放影厅。二楼为谢晋元将军生平事迹展厅，此展厅共分六部分：投笔从戎，北伐建功；抗击日寇，血洒淞沪；临危受命，浴血四行；身陷孤营，奋发自强；痛失英雄，举国哀痛；缅怀先烈，流芳千古。

导航小卡片	
地　　址	梅州市蕉岭县新铺镇尖坑村
服务电话	0753-7873453
开放时间	全天
票务信息	免费

丘逢甲故居纪念馆

写下"四百万人同一哭,去年今日割台湾"的爱国志士丘逢甲以其有限的生命,投入到抗倭保台、维护祖国主权的战斗及兴教育才、开启民智的事业。

东宁才子

丘逢甲是我国近代抗日志士、爱国诗人、教育家,祖籍梅州市蕉岭县文福镇淡定村,生于台湾省苗栗县。丘逢甲自幼天资聪颖,"六岁能诗,七岁能文"。14岁时赴台南应童子试,作《穷经致用赋》及诗、词各一首,人称"奇童"。而后又当场作对子并写出《全台利弊论》,深得闽抚兼学台丁日昌的赏识,特赠"东宁才子"印一方,以资鼓励。此番科考,丘逢甲喜获全台第一。

丘逢甲26岁中试为举人,却无意仕途,辞归故里,专意养士讲学,培养了大批爱国志士。

抗倭守土

甲午战争爆发后，丘逢甲投笔从戎，以"抗倭守土"为号召创办义军，变卖家产以充军费，任全台义军统领。1895年李鸿章与日本首相伊藤博文签订了丧权辱国的《马关条约》，丘逢甲悲愤交加，刺血上书李鸿章卖国行径，表示要与桑梓之地共存亡。

日军侵台，丘逢甲率义军与日本侵略军血战20余昼夜，进行大小战斗20多场，终因饷尽弹尽、死伤过重而撤退。临行时，他百感交集，写《辞台诗》六首以表达忧愤之情，如：卷土重来未可知，江山亦要伟人持。成名竖子却多少，海上谁来建义旗？

教育救国

1897年春，丘逢甲受潮州知府李士彬敦请，主讲于韩山书院。这可以说是丘逢甲经历朝廷弃台之痛和抗敌失败后，继续寻求救国救民道路，重拾"教育救国梦"的开端。后来他又创办岭东同文学堂，大力推行新学，彻底打破旧式书院只注重经学的模式，全面引进西学，主张德智体全面发展，学风为之一新。

他与时俱进，晚年投身民主革命洪流、为谋求国家富强统一的斗争之中，他矢志于强国复台的伟业，为此奋斗到生命的最后一息。直到临终弥留之际，还嘱咐家人："葬须南向，吾不忘台湾也！"他崇高的爱国精神和历史事功，一直激励着海峡两岸几代人，为国家的统一和富强而奋斗。

导航小卡片	
地　　址	梅州市蕉岭县文福镇淡定村（今逢甲村）
服务电话	0753-7873453
开放时间	全天
票务信息	免费

梅州市革命历史纪念馆

被誉为"世界客都"的梅州市，是叶剑英元帅的故乡，也是著名的革命老区。梅州市革命历史纪念馆是广东省21个地级市中第一个建成的市级革命历史纪念馆。

革命史迹集一馆

在风景秀丽的梅州城区华南大道剑英公园内，坐落着梅州市革命历史纪念馆。该馆于1995年初开始筹建，1999年开馆展出。纪念馆为琉璃瓦面平房，现代园林式建筑。馆内共设有五个展厅，展出内容分为党的创建与大革命时期、土地革命时期、抗日战争时期、解放战争时期等四个部分。

纪念馆陈列展出的内容，以中国共产党梅州地方组织活动为主线，以时间顺序为经，以重要革命斗争史实为纬，突出反映了党领导下的梅州地方革命斗争史，重点介绍了从辛亥革命至中华人民共和国成立这一时期的重要历史事件、重要党史人物、重要革命旧址。通过叙事记人的手法，翔实、生动地展现了中国共产党领导下的梅州地区革命斗争的光荣历史。

饮水思源记功勋

梅州人杰地灵，是富有革命传统的老区。在近现代革命的漫长历程中，梅州人民走出了一条光荣而曲折的斗争道路。

在这片光荣的土地上，老一辈无产阶级革命家周恩来、朱德、叶剑英、聂荣臻、罗荣桓等先后开展革命活动。东征军、南昌起义军、红四军、红十一军及抗日游击队韩江纵队、人民解放军粤东支队、闽粤赣边纵队都曾在这里战斗，建立了不可磨灭的历史功绩。

馆内辟有梅州革命烈士纪念室，将4600多位烈士英名勒碑纪念。

回望岁月向未来

纪念馆肩负展出革命史迹、传播爱国主义精神的教育功能，作为红色基因的传播阵地，不断砥砺前行，致力于丰富展品内容及展出方式。

2017年，纪念馆在原有基础上增加视听播放渠道，滚动播放《血战三河坝》《建军大业》等多部专题视频及纪念馆爱国主义教育系列活动视频；并增设了悦读角，目前陈列的书籍有138种，627本，涵盖梅州革命人物传记、中共梅州党史、抗战纪实等范畴，帮助游客更好地了解纪念馆，了解梅州大地英雄儿女的革命史实，了解原中央苏区的峥嵘岁月。

导航小卡片

地　　址	梅州市梅江区三角镇华南大道剑英公园内
服务电话	0753-2313992
开放时间	9:00—12:00，14:30—17:30，周一闭馆
票务信息	免费

平远县红军纪念园

平远县地处粤赣闽三省交界处，与江西中央苏区一脉相连。平远县红军纪念园是广东首个红军纪念园。

挥师南下筑屏障

平远县红军纪念园所在地仁居镇，具有十分深厚的历史文化底蕴和红色文化内涵。在中共苏区的初创时期，平远成为推动红四军走向革命胜利的"红色港湾"。

朱德（右图为进入平远时朱德使用的马镫）、陈毅和林彪等将领率领红四军于1929年和1930年三进平远两度驻扎仁居，宣传革命思想、播撒革命火种、扩大工农武装、建立红色政权、全面开展土地革命。红四军在此帮助平远县委分期分批开展暴动，打土豪分田地，成立了县革命委员会、县模范赤卫大队和县赤卫队总指挥部，红四军在平远的活动，有效地牵制了广东的敌人北上。

寻乌调查论平远

红四军三进平远，有其深刻的历史原因。在土地革命时期，地处粤北山区的平远与中央苏区一脉相连。毛泽东对平远的革命形势非常关注，对平远的经济社会状况熟悉了解，与平远的群众接触密切。毛泽东通过开展广泛深入的社会调查，充分了解中国农村中的富农问题和城镇中的商业、手工业等情况，总结寻乌及平远周边的革命斗争经验，写下了立足农村根据地，走农村包围城市的又一指导中国革命的力作《寻乌调查》。在《寻乌调查》报告中，有20多处提到平远。

如今，平远县红军纪念园坐落于当年红四军召开群众大会、宣传革命真理的地方——仁居镇东较场。该纪念园内设红四军纪念馆、主题雕塑、纪念亭、广场、牌楼等功能区，是广东省第一个以纪念红军为主题的纪念园。

红色墙标代代传

1929年至1931年，平远人民的革命斗争是平远人民在中国共产党领导下进行的土地革命史上光辉的一页。在此期间，红四军积极宣传党的政治主张，在大街小巷留下许多宣传标语。

平远是广东省红军墙标最多的县。广东省内，保留完整、字迹清晰、内容不同的红军墙标共304条。其中，平远有123条，单仁居镇就有114条。这些墙标，成为红军留在平远的宣传队。

仁居还有不少红色遗址，包括仁居红四军第一纵队革命旧址、红四军第一纵队司令部、军需处、后勤处等。

导航小卡片	
地　　　址	梅州市平远县仁居镇东较场
服 务 电 话	0753-8899878
开 放 时 间	8:30—11:30，14:00—17:30，周一闭馆
票 务 信 息	免费

梅县区九龙嶂革命纪念馆

九龙嶂革命根据地位于梅县区和丰顺县交界处，是粤东最早建立的革命根据地之一，是梅州地区武装斗争的中心，被誉为"粤东井冈"。

九峰相连如蛟龙

　　沿着山路盘旋而上，便可抵达山高林密、地势险峻的九龙嶂。梅南镇九龙嶂位于梅县区南部，东南面有九个较高的山头聚在一起，似九条青龙直指蓝天，是抵挡台风的天然屏障，故称"九龙嶂"。

　　九龙嶂革命纪念馆巍然屹立在山顶。纪念馆里，展厅气势恢宏，点燃火种、进军梅州、武装出击等板块所记述的历史极具震撼力，革命历史的长卷在此徐徐展开。

革命浩气贯长虹

1923年8月，彭湃带领农民骨干来梅县，在九龙嶂开展农运活动。1927年10月，胡一声、郑天保等革命志士在梅南镇九龙村成立广东工农革命军（东路）第十团。1928年夏，"五县暴委"（梅县、大埔、丰顺、兴宁、五华五县暴动委员会）和"七县联委"（梅县、大埔、丰顺、兴宁、五华、揭阳、潮州七县联合行动委员会）成立于九龙嶂。1929年10月，朱德率6000余人由闽西挺进东江到达梅州，进而转战九龙嶂，促进粤东北苏区与赣闽苏区连成一片。抗日战争时期，九龙嶂革命根据地军民积极开展抗战救亡、支援抗日活动。解放战争时期，闽粤赣边区党组织及其武装激战在九龙嶂周边地区，迎来新中国诞生。

彭湃、周恩来曾在九龙嶂根据地留下革命足迹；朱德、林彪、陈毅、罗荣桓、聂荣臻、叶剑英等开国元帅和粟裕、谭政、罗瑞卿等大将曾在九龙嶂根据地战斗活动。据统计，当年发生在九龙嶂根据地及周边的战斗达233场，牺牲烈士1276名，其中红军烈士302名。他们的革命事迹和崇高精神永垂青史。

三点一轴红色村

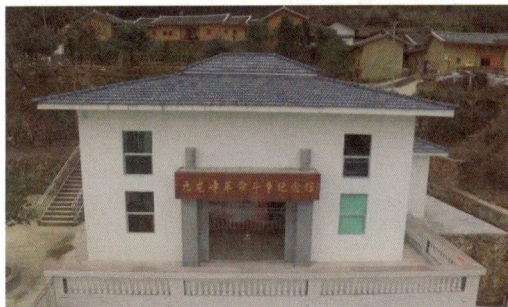

梅南镇以水美村"红色村"为核心、九龙嶂革命根据地为重点打造"三点一轴"的红色资源格局。"三点"指的是九龙嶂革命根据地旧址群，包括九龙嶂武装斗争指挥中心（九龙村）、东江工农红军总指挥部（水美村）、革命摇篮龙文公学（新塘村）。"一轴"则是指以G206国道至九龙嶂革命斗争纪念馆的道路及水路为轴，打造沿途红色资源景观、路灯、红色元素、红色标语等。

"三点一轴"促进梅南镇形成了集展览学习、场景教育、爱国教学、国防训练于一体的开展革命传统和爱国主义教育的平台。

导航小卡片	
地　　址	梅州市梅县区梅南镇九龙村九里发
服务电话	0753-2448369
开放时间	周一至周五9:00—17:00
票务信息	免费

梅州市丰顺县
坚真纪念馆

李坚真是从梅州山村走出去的一位杰出的客家女性，始终如一坚守信仰，求真务实，清政廉洁，体现了共产党人的伟大人格和高尚情操，被誉为"华夏女杰，廉政楷模"。

意坚德真人爱戴

坚真纪念馆是丰顺县委、县政府在2007年李坚真百岁诞辰之际用原县委大楼改建而成。

馆内，有李坚真生平事迹展厅，展出了李坚真不同时期的图片和文字材料，分为"彭湃指引革命路""闽西烽火入史篇""万水千山长征路""抗日救亡新功建""逐鹿中原半边天""三次土改绩斐然""革命山歌众口碑""公仆风范日月间"等八部分，详细而生动地介绍了李坚真非同寻常的一生。

为学习、继承、弘扬李坚真廉洁奉公的优良作风，在2013年专设坚真廉洁操行馆，主题是"颂坚真正气、扬廉洁清风"。馆内分为"思想言论篇""操行风范篇""形象展示篇"和"崇廉励志篇"等，图文并茂，辅以音像、实物。同时，采用全息数码场景表现形式，再现李坚真廉洁奉公、执政为民的高尚风范。

坚真纪念馆已经成为粤东地区具有较大影响的爱国主义教育基地。

融冰化雪步不停

李坚真原名李见珍，1907年1月出生于丰顺县小胜镇东叶畲村。1926年，她在彭湃的指引下走上革命道路，是久经考验的忠诚的共产主义战士，中国妇女运动的先驱，老红军战士。

1927年，李坚真加入中国共产党，她参加过土地革命战争、抗日战争和解放战争，是中国共产党历史上第一位女县委书记、第一位女省委书记，全国第一位省人大常委会女主任。她为中国人民的解放事业和中国妇女运动，奉献了毕生精力，作出了重要贡献，深受尊敬与爱戴。

山歌寄情沁心脾

"六月割禾正当午，点点汗滴入田土，几年辛苦为别人，打下粮食冇米煮。"90多年前，身为童养媳的李坚真，唱着客家山歌踏上革命之路，走出丰顺大山，走遍南粤大地、闽山赣水，一步一步成为"华夏女杰之星"。凭着山歌开路，李坚真把群众工作做得有声有色，她用山歌将群众吸引到自己身边，宣传男女平等，反对包办婚姻，动员群众参加赤卫队和地方红军，动员妇女支援前线。李坚真曾回忆说："我和群众在一起唱山歌，不分彼此，很快就和群众打成一片，这是联系群众的一个很好的方法。"

"这个女同志不简单哪！"这是毛主席对李坚真的高度评价。

导航小卡片	
地　　址	梅州市丰顺县汤坑镇坚真公园内
服务电话	0753-6688563
开放时间	周一至周五8:30—11:30，14:30—17:30 周六、日9:00—11:15，14:30—17:15
票务信息	免费

广东中国客家博物馆

广东中国客家博物馆是一日读懂客家的必经之处，是客家人寻根问祖和文化交流的重要平台，现为国家一级博物馆。

客家史话

　　客家是汉民族在我国南方的一个分支。历史上，由于战乱、饥荒等原因，中原汉民族逐渐南下，其中一部分进入赣闽粤三角区，与当地畲族等土著居民发生融合，最终形成一个独特而稳定的汉族支系——客家。客家具有独特的方言、独特的文化民俗和情感心态。概括地说，客家文化是以汉民族传统文化为主体，融合了畲、瑶等土著文化而形成的一种多元文化。

　　客家文化既继承了古代汉族文化，又融合了南方土著文化，有古汉文化活化石之誉。耕读传家是客家文化的特点，客家文化的基本特质是儒家文化，移民文化与山区文化也是客家文化的重要特质。

一日读懂客家

广东中国客家博物馆是国内首家全面展示客家民系文化渊源与发展，系统收藏、整理、研究、展示客家历史文物与客家民俗文物的综合性博物馆，是一日读懂客家的必经之处，是客家人寻根问祖和文化交流的重要平台。客家博物馆设有基本陈列"客家人"和"梅州史话"，其中"客家人"陈列从源流篇、人文篇、客魂篇三大篇章，全面展示客家民系的历史、现状和未来；"梅州史话"陈列从先秦梅州、建置变迁、土客交融、客都形成、红色土地五个部分展示梅州的人文历史。

特色展陈

除了两个基本陈列，还有以下展馆。梅州大学校长馆主要介绍晚清以来249位梅州籍海内外校长、书记的生平事迹、学术成就及主要贡献。梅州将军馆主要介绍辛亥革命以来478位梅州籍将军在中国军事史上的风貌和历史功绩。梅州名人廉吏馆以"景仰先贤、忠孝清廉"为主题，展示19位梅州先贤赤诚报国、行廉志洁的光辉事迹。黄遵宪纪念馆由全国重点文物保护单位人境庐和荣禄第以及广东省文物保护单位恩元第组成，是收藏、陈列、研究近代著名爱国诗人，杰出外交家、思想家和政治家黄遵宪的主题馆。梅州市非物质文化遗产展示馆位于民居恩元第内，设有"乡愁映像·一客一故乡"主题陈列，从乡音、乡饮、乡风、乡艺、乡情、乡信、回望七个部分，全面展示梅州市387项非物质文化遗产项目。梅州市华侨博物馆内设"海丝寻梦——梅州海外客侨历史文化陈列"，从出洋篇、创业篇、传承篇、融合篇、故土篇、侨务篇六个部分，展示梅州海外客侨艰苦奋斗的创业史和爱国爱乡的贡献史。

导航小卡片	
地　　址	梅州市梅江区东山大道2号
服务电话	0753-2258830
开放时间	周二至周五9:00-17:00，16:30停止入馆 周六日、法定节假日、寒暑假9:00-17:30，17:00停止入馆，周一闭馆（法定节假日除外）
票务信息	免费
微信公众号	中国客家博物馆
网　　站	www.zgkjbwg.com

惠州市

邓演达纪念园

邓演达纪念园是在中国农工民主党中央及各级组织的支持下，中共惠州市委、市政府为纪念邓演达的革命功勋、弘扬先烈勇往直前的英风浩气、传承前贤爱国爱民的革命传统而兴建的大型教育基地。

弘扬浩气

　　惠州市惠城区三栋镇鹿颈村屹立着一尊铜像，身着戎装，伟岸沉雄，神情坚毅，这就是中国农工民主党创始人邓演达的铜像，它是邓演达纪念园核心区的一部分。

　　邓演达纪念园包括邓演达故里牌坊、邓演达纪念园牌坊、邓演达故居、农工广场、励志壁、邓演达陈列馆、临湖栈道、萨波塞亭、愚园坊亭、保定桥、武昌桥、黄埔广场等景点。

邓演达陈列馆里以大量的文献资料、真实的历史照片以及珍贵的革命文物，展示农工党党史和邓演达的生平。邓演达故居陈列的文物多为在鹿颈村征集、与邓演达生活时期相同的家具陈设，还原了邓演达当年的生活场景。纪念园西侧是纪念园牌坊，牌坊前楹联为"风雨如磐伐叛锄奸匡国运，亭园似画抚今追昔勖时贤"，后楹联为"晋谒故居永把楷模铭脑际，弘扬浩气勤将忠烈勉儿曹"。牌坊后是农工广场，广场北侧有励志壁，上书邓演达励志名言："个人生死不足道，中国革命必须及早恢复。"

忠勇无畏

邓演达早年参加同盟会，是孙中山的积极追随者，竭诚拥护"联俄、联共、扶助农工"三大政策，是创建黄埔军校七个筹委之一，在北伐战争中立下赫赫战功，为第一次国共合作作出了重要贡献。邓演达历任国民党中央执行委员、中央政治委员会委员、中央军委主席团成员和中央农民部部长等。为寻求革命的真理，探索革命的方法，邓演达曾先后两次出国考察和学习，在欧洲考察游历期间，深受马克思主义思想的影响，他在全面继承孙中山三民主义的基础上，有选择地接受了马克思主义思想并加以融合，形成了其特有的平民革命理论。1930年邓演达归国后，于8月9日在上海创建"中国国民党临时行动委员会"（中国农工民主党的前身），并创建了《革命行动》机关刊物，发表反蒋文章，组织"黄埔革命同志会"积极开展革命活动。1931年11月被国民党反动派秘密逮捕后杀害，年仅36岁。

导航小卡片	
地　　址	惠州市惠城区三栋镇鹿颈三村75号
服务电话	0752-2597113
开放时间	周二至周日9:00—17:00，周一闭馆
票务信息	免费
网　　站	www.dydjny.cn

东江纵队纪念馆

在国家级重点风景名胜区罗浮山朱明洞景区内，有一座东江纵队纪念馆，它是惠州乃至周边地区开展党员教育和爱国主义教育的平台。

战绩辉煌

1938年10月12日，侵华日军在惠阳大亚湾登陆，东江下游各县及广州相继沦陷。惠宝人民抗日游击总队和东莞模范壮丁队相继成立，共同扛起抗日大旗，组成广东人民抗日游击队东江纵队。

香港沦陷时，东江纵队历尽艰险，成功地在日军的眼皮底下，将一大批文化界进步人士、爱国民主人士和国际友人撤离虎口，护送到安全的大后方。这次营救行动震惊全国，被茅盾称赞为"抗战以来最伟大的抢救工作"。

参加抗日战争的中美联合空军飞行指挥员克尔中尉，在香港机场上空执行轰炸任务时，被敌炮击中，被迫跳伞。在危急关头，东江纵队港九大队紧急行动，冒死营救和掩护了克尔。

1945年春，东江纵队开辟以罗浮山为中心的江北抗日根据地，部队发展到9200余人。1946年，东江纵队主力北撤山东解放区，后改编为中国人民解放军两广纵队。

纪念馆内，存放着丰富详实的实物、和史料，全面展示了东江纵队为了民族的解放事业浴血奋战的光辉历程。其中，有一台近千公斤重的印刷机，历经六十余年沧桑，仍闪闪发亮。日军大扫荡时，报社将机器埋藏在博罗附城农民家里。东江纵队司令部迁移到罗浮山时，十多名战士冒着敌人的枪林弹雨，用扁担将笨重的印刷机抬回，交给东江纵队前进报社使用。

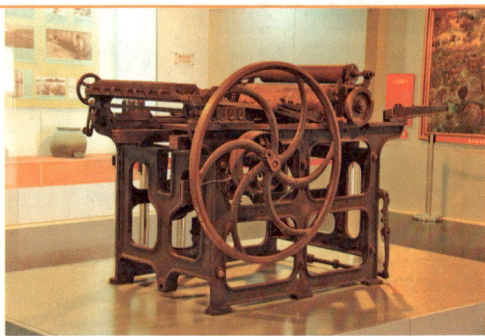

东江纵队纪念馆筹建时，老战士们纷纷把珍藏的文物捐献出来。他们希望后人能了解历史，永远铭记那段艰苦而光荣的岁月！

东江纵队纪念馆坐落于风景宜人的罗浮山。它三面环山，前有秀丽的白莲湖，右侧为东江纵队司令部旧址冲虚古观，环境十分幽雅。

纪念馆内设有四个展厅，序幕厅正面是一幅大型彩色图画，展示了东江纵队在南粤战斗的磅礴气势。序幕厅两侧镶有《义勇军进行曲》和《东江纵队之歌》的词谱，表达了当年全民抗战的坚定意志！

导航小卡片	
地　　址	惠州市博罗县罗浮山景区
服务电话	0752-6669360
开放时间	9:00—17:00
票务信息	免费
网　　站	www.lfs.com.cn
微信公众号	醉美罗浮

惠东县高潭镇中洞革命老区

> 高潭是中国共产党早期开展武装斗争的重要地区。土地革命战争初期，高潭区苏维埃政府是全国最早的区级苏维埃政权之一。高潭在东江革命历史上被称为"东江红都"。

中洞改编

　　惠东县高潭镇中洞村地处五县——海丰、陆丰、惠东、紫金、五华的接合部。早在1922年深秋，农民运动领袖彭湃亲临高潭，点燃了农民运动的烈火。1923年，高潭的农民运动迅猛发展，全区24个乡均成立了农会。1925年夏，建立了中共高潭特别支部。从此，高潭人民的革命斗争就直接在党的领导之下。1927年四一二反革命政变后，高潭人民和海、陆、惠、紫劳苦大众一道，在中共广东区委和东江特委领导下，积极参加东江第一次武装起义。尔后，海、陆、惠、紫等县农民武装会集在高潭中洞周围地区，开始了军事割据。8月，海、陆、惠、紫四县农军改编为工农讨逆军。在东江第二次武装起义中，工农讨逆军从中洞出发，先后收复海、陆、丰各市镇及惠、紫部分地区，缴获和没收大批物资运回中洞。10月，南昌起义军余部进入中洞并改编为中国工农革命军第二师(红二师)。东江特委在中洞进行了组织机构的调整和建设，并在原有基础上扩大和设立了红军医院、红军兵工厂、红军被服厂、印刷厂、电话所等，中洞遂被称为"东江红都"，成为东江地区武装斗争的指挥中心。10月底，在东江第三次武装起义中，红二师和农民武装从中洞等地出发，再次收复海、陆、丰各市镇及

惠、紫部分地区。11月，高潭区苏维埃政府宣告成立；接着，陆丰、海丰、紫金等县苏维埃政府亦相继成立。开展了轰轰烈烈的土地革命。1928年1月，广州起义军余部改编的红四师到达东江与红二师会合，壮大了东江根据地的武装力量。从3月开始，海、陆、惠、紫人民和红军为抗击国民党数万军队的进犯，进行了长期艰苦卓绝的反"围剿"斗争。1929年9月，红十一军四十九团成立，坚持以中洞为中心恢复和发展根据地。1931年5月，红军独立第二师在中洞成立。

高潭星火

在长达20多年的艰苦斗争中，高潭人民为中国革命付出了巨大代价，作出了重要贡献。据统计：仅在大革命时期和土地革命战争时期，高潭就被杀害2800多人，全家遭杀绝的达400多户。不上千人的中洞乡，惨遭杀戮的就有700人，绝户160多户；大茂乡的黄泥桥、二天肚两处共83个村民仅剩下3人。在高潭烈士中，年纪大的已逾花甲，年少的未届弱冠；他们中除了农民外，还有塾师、手工业工匠、商人、归国华侨以至官门后代和富豪子弟。新中国成立后，高潭被评为"堡垒户"的有300多户(不含绝户)，老苏区村庄80多个。由此可见，高潭革命斗争时间之长、规模之大、影响之广、斗争之烈、死难之多，为广东省内所仅见。高潭人民用鲜血和生命谱写了一部辉煌的革命斗争历史。

导航小卡片

地　　　址	惠州市惠东县高潭镇中洞村
服务电话	0752-8282018
开放时间	9:00—17:00
票务信息	免费

博罗县葛洪博物馆

葛洪博物馆坐落于惠州市罗浮山景区，以展示葛洪在医学、化学、药物学、养生学的成就以及青蒿素的前世今生等为主要内容，不但是对历史和传统文化的总结，更能够讲好中国故事，传播中国好声音。

云游罗浮

葛洪博物馆于2016年9月落成开馆，是全国中医药文化宣传教育基地。它的牌匾由诺贝尔生理学或医学奖获

得者屠呦呦亲笔题字。博物馆建筑面积3000多平方米，外围配套宣教基地包括：洗药池、青园、葛洪文化长廊、珍稀植物观光园等，它是一座功能齐全、文化品位高、具有中医药文化特色、面向社会公众开放的综合性中医药文化博物馆。

走进博物馆一楼展厅，是一幅《葛稚川移居图》铜雕，点明了葛洪与罗浮山的深厚渊源。水墨动画《抱朴子云游罗浮图》展现葛洪在罗浮山治病教人、著书立说的故事，而葛洪的哲学思想、艾灸文化以及罗浮山中草药等信息点也以互动的形式展示，让游客在享受视觉盛宴与生动体验之余，对葛洪和罗浮山中医药文化产生兴趣。

开创岭南医学

葛洪博物馆二楼为葛洪生平事迹展，以图文展板、实物、场景等形式展现葛洪的生平与成就。葛洪是中国杰出的医药学家和岭南医学的开创者，其学术思想和成就对后世影响深远。所著《肘后备急方》记载临床各科急性病症或慢性疾病急性发作的多种治疗方法，具有简便廉验的特点，有较高实用价值。书中首次记载天花、恙虫病、青蒿治疟、狂犬脑外敷治疗狂犬病等，体现了其创新思想和实践精神。

青蒿抗疟获奖

2015年10月，我国女科学家屠呦呦获得诺贝尔生理学或医学获，获奖理由是"研发青蒿素——一种用于治疗疟疾的药物，挽救了全球特别是发展中国家的数百万人的生命"。屠呦呦是1971年10月4日从葛洪的《肘后备急方》记载的"青蒿一握，以水二升渍，绞取汁，尽服之"中，找到了灵感和启发。

葛洪博物馆充分发掘葛洪等人悬壶济世、博精制药的史迹，展现屠呦呦等人关于青蒿素提取和抗疟活性发现的重大科学意义，既系统描绘了传统中医药的传承与创新发展，又体现我国现代医药学界对人类健康和医学科学的重大贡献。

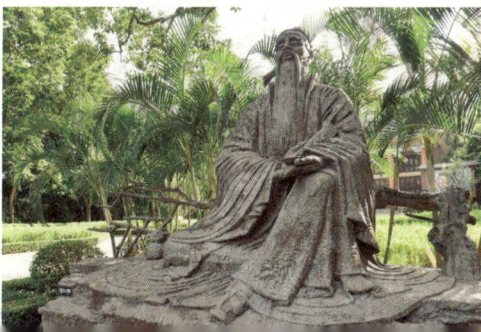

导航小卡片

地 址	惠州市博罗县罗浮山风景名胜区内
服务电话	0752-6669802
开放时间	9:00—17:00
票务信息	免费
网 站	www.lfs.com.cn
微信公众号	醉美罗浮

硬骨头六连展览馆

屡建奇功

1939年3月，74集团军硬骨头六连以14名红军骨干为主体，在河北省新城县张岗乡开口上村组建。抗日战争、解放战争时期，六连主要转战在华北、西北，保卫毛主席、保卫党中央、保卫延安。中华人民共和国成立后，六连先后参加西北剿匪、抗美援朝、东南沿海紧急战备、对越自卫还击作战、抢险救灾等任务，1975年7月随部队调防浙江杭州。

革命战争年代，六连以敢打大仗、恶仗、硬仗，敢于冲锋陷阵、刺刀见红而威震敌胆，先后参加大小战斗161次（其中新中国成立前138次，西北剿匪4次，抗美援朝4次，对越自卫反击作战15次），涌现出了刘四虎、尹玉芬、李恩龙、高家凯、丁丑娃、张殿山等15位全国战斗英雄，被毛主席授予"首见奇功第六连"锦旗，先后两次荣获"战斗模范连"荣誉称号，锻造了"压倒一切敌人的狠劲、百折不挠的韧劲、坚持到底的后劲"的硬骨头精神。

"'硬骨头六连'硬在哪里？硬在勇猛顽强从不畏惧，刺刀见红，杀出威风，硬仗恶仗创奇迹，千锤百炼战旗红……"这首唱了几十年的连歌，如今再增新的内容："……硬在锲而不舍，钻研现代化……"和平年代，六连继承和发扬了战争年代那种一往无前的革命精神，以"战备思想硬、战斗作风硬、军事技术硬、军政纪律硬"闻名全军。1964年1月22日，被国防部授予"硬骨头六连"荣誉称号。1985年6月6日，被中央军委授予"英雄硬六连"荣誉称号，成为全军第一支两次被最高统帅部授予荣誉称号的基层连队。授称几十年来，作为闻名全军的一面旗帜，连队始终保持着旺盛的生命力和战斗力。截止至2021年8月，连队先后荣立集体一等功9次、集体二等功28次、集体三等功2次，连队党支部3次被中共中央组织部表彰为"全国先进基层党组织"，2021年七一入选"100位重要英雄模范名单"。

硬骨头精神

硬骨头六连展览馆以历史背景、战斗故事、英雄的伟大精神和具有教育意义的藏品，反映连队以"三股劲""四过硬"为内核闻名于全国全军的"硬骨头精神"。江泽民主席于1994年为展览馆亲笔提写馆名。习近平主席任浙江省委书记时，高度评价"硬骨头精神"和"浙江精神"一样，都是中华民族精神的组成部分和具体体现。展览馆对外展示共分三部分，第一部分为史馆部分，第二部分为连队内部，第三部分为装备展示区。

导航小卡片

地　　址	惠州市博罗县长宁镇罗浮大道
服务电话	18512066453
开放时间	全天
票务信息	免费

汕尾市

海丰县烈士陵园

为了纪念中国共产党早期的无产阶级革命家、中国农民运动的杰出领袖彭湃同志，以及各个革命战争时期和社会主义建设时期为中国革命解放事业和建设事业而在海丰牺牲的4万多名英雄儿女和来自全国各地的1000多名红军战士，建立海丰县烈士陵园。

海丰英烈

海丰县烈士陵园环境肃穆而幽静。陵园正门为重檐牌坊式仿古建筑，有着金黄色琉璃瓦盖顶，采用大理石和锦砖贴墙结构，气势恢弘。

烈士陵园主要由墓室、墓碑、休息亭、牌楼大门、陵园大道、陵园广场等组成。墓碑上，"革命烈士墓"五个大字，是由老一辈无产阶级革命家陶铸同志于1963年题写，显得庄严而神圣。墓碑后，圆拱形的墓室主体里，安放着林铁史、杨望、林苏、黄兴干等200多位革命烈士的骨骸和骨灰。另外，园内还设有"海丰县革命烈士纪念馆暨海丰县革命斗争史纪念馆"，展示革命斗争的光辉史迹，褒扬先烈的革命精神。

海丰县是全国十三块红色革命根据地之一，也是全国著名的老苏区，素有"小莫斯科"之称。无产阶级革命家周恩来、彭湃、萧楚女、徐向前、聂荣臻等，都曾在这里播撒革命的种子。

大革命时期，在"农民运动大王"彭湃领导下，海丰县农民运动风起云涌。1927年，经过三次武装起义，海陆丰苏维埃政府得以创建，成为全国第一个县级苏维埃政权。

英勇的海丰人民，在中国共产党的领导下，敢为人先，为人民解放和民主自由英勇斗争，开展了轰轰烈烈的农民运动，开创了中国土地革命的先河，作出了巨大的牺牲和贡献。

大革命失败后，海丰人民在党的领导下，继续开展长期的游击斗争，前赴后继，为人民解放事业作出重大的贡献。

四万多名海丰的优秀儿女和千余名来自全国各地的红军及其他革命志士，在海丰无私地奉献了宝贵的生命。在陵墓安放骨骸、骨灰的烈士，只是其中的一小部分。

每年清明节，人们都会到海丰县烈士陵园扫墓，敬献花环，缅怀先烈，铭记历史，让革命精神一代又一代地传承。

导航小卡片	
地　　址	汕尾市海丰县红城大道西九肚山
服务电话	0660-6623215
开放时间	6:00—22:00
票务信息	免费

海丰县彭湃烈士故居

彭湃同志是中国共产党创建时期的重要领导人，无产阶级革命家，中国农民运动的先导者，著名的海陆丰农民运动创始人，被毛泽东称为"农民运动大王"。

得趣书室

彭湃烈士故居坐落于海丰县城，坐北向南，面临龙津河。原建于清末，是彭湃祖父彭南金所建。前廊仿西式建筑，主楼双层，楼板加铺花砖，封火式山墙，整座建筑为中西结合的院落式砖木结构，四周围墙，主楼前为小院。1896年10月22日，彭湃在此出生，并在这里度过了童年和青少年时代。1922年夏，彭湃开始宣传农民运动，与妻子蔡素屏一起搬往"得趣书室"居住。

1925年3月革命军第一次东征进入海丰后，东征军政治部主任周恩来、谭平山和苏联军事顾问鲍罗廷、加伦曾在此住宿、工作。1925年6月，革命军回师广州，陈炯明残部重陷海丰城，故居遭敌人焚毁，遗下墙基。新中国成立后，人民政府拨款修建围墙加以保护，1962年7月7日，故居被广东省人民政府颁布为省级文物保护单位，1986年，由国家文物局拨款按原貌重建，并对外开放。

《海丰农民运动》是彭湃的光辉著作，它对当时的全国农民运动有着重要的指导作用，为后来大规模的农民运动播下了革命的种子，提供了宝贵的经验。

彭湃领导建立的海陆丰苏维埃政府，在理论和实践上为建设红色政权积累了经验，开辟了中国革命以农村为基地走向胜利的道路。

另外，彭湃发表的《没收土地案》是中国共产党在土地革命中制定的第一个土地法规，为中国共产党领导土地革命运动积累了经验，也为全国的农民运动开展土地革命提供了借鉴。

心潮听澎湃

毛泽东称彭湃为"农民运动大王"。中共中央也曾发表宣言，高度评价彭湃一生："他这样的革命斗争历史早已深入全国广大工农劳苦群众心中，而成为广大群众最爱护的领袖。谁不知广东省彭湃，谁不知彭湃是中国农民运动的领袖！"

如今，当人们踏入彭湃故居，聆听彭湃的故事及其对中国革命的贡献，依然会心潮澎湃！

导航小卡片	
地　　址	汕尾市海丰县城海珠社区龙津东二路龙津河畔
服务电话	0660-6622370
开放时间	9:00—17:00
票务信息	免费

汕尾市陆河县激石溪革命根据地先烈纪念园

激石溪上，千山环抱，万木肃然。这里是当年根据地军民与敌人展开殊死战斗的旧战场。革命者的鲜血染红了激石溪水，而红军战士的气魄将永存后世。

激石溪，红流急

激石溪革命根据地处于海丰、惠东、紫金三县交界处，是中国第一个县级苏维埃政权——海陆丰苏维埃政权的后方根据地。

将近一个世纪过去了，这段红色历史依然流淌在激石溪的山山水水之间。

天地间，蕴英气

赤土上，枪声起

激石溪作为海陆丰红色革命根据地重要核心，曾经是革命早期中共东江特委、海陆紫县委、海陆紫县苏区、红二师、红四十九团、陆丰县委、陆丰县苏维埃政府等革命领导机关所在地，老一辈无产阶级革命家彭湃等在这里留下了革命足迹。

在这里，中共第五届中央委员杨其珊和早期革命家范照南以及数以千计的红军指战员为革命流尽最后一滴鲜血。高岗子、暗径子、三江口、桥子头、牛角窝是当年机关的所在地，激石溪曾发生过多次激烈的战斗，无数激石溪人民为革命献出了宝贵的生命。

2010年11月，激石溪革命根据地先烈纪念园以雄伟的面貌矗立在高山之巅。它拥有英烈纪念碑、杨其珊雕像、革命英雄浮雕、景英亭、烈士陵园、宣誓碑、英雄石雕、"浩气长存"牌坊、广场、雨花石观光台、大理石台阶、园林绿化等主要设施以及其他配套设施。

天地蕴英气，万世留人间。矗立的纪念碑慰藉着安眠的英灵，叙事的石碑铭刻了英烈的事迹，寄托着人们无尽的思念。茫茫群山，碧水苍云，烈士英魂归处，先烈的精神亘古不变，永不磨灭！

导航小卡片

地　　　址	汕尾市陆河县新田镇激石溪上湾村
服务电话	13432723225
开放时间	8:30—17:00
票务信息	免费

东莞市

东莞市可园博物馆

可园面积虽小，但设计精巧，在三亩三（2204平方米）土地上，亭台楼阁，山水桥树，厅堂轩院，一应俱全，是广东园林的珍品。

粤中名园

可园始建于清朝道光三十年（1850），位于东莞市城西博厦村，与顺德清晖园、番禺余荫山房、佛山梁园合称广东清代四大名园。

可园中所有建筑沿外围边线成群成组布置，围成一个外封闭、内开放的大庭园空间，将住宅与园林有机结合，集居住、休闲、游玩功能于一身。其构图清新，装饰精雅，园景幽致，为岭南古典庭园之杰作。

文武兼备

可园创建人张敬修虽身任武职，官至江西按察使署理布政使，但琴棋书画造诣颇深。整座庭园虽偏于武略，但局部却显出雅意文风。

在可园中，住宅、客厅、别墅、庭院、花园、书斋被艺术地糅合在一起，体现了"咫尺山林"的手法，设计精巧又新奇。

可园四通八达，将孙子兵法融汇在建筑之中。人在园中，就像进入八卦阵，极易迷失方向。

张敬修文武双全，在宦海中宠辱不惊，曾抵抗英国侵略军。他历十余年心血修筑可园，广邀文人雅集，使可园成为广东近代的文化策源地之一。

张敬修邀请居廉和居巢两兄弟在可园长年居住作画，为居氏两贤提供了安定优越的生活条件和创作环境。居廉和其堂兄居巢，世称"二居"，为晚清岭南画坛杰出代表。

居廉博采众长，崇尚写生，擅长撞水、撞粉技法，作品形神兼备，被称为"居派"。在可园，"二居"以十年功夫创造没骨法、撞粉法画花鸟，以写生写实为旨趣，以乡土物产为题材，开创岭南画派之先河。居廉还在可园设馆授徒，画风影响深远。国画大师、岭南画派奠基人高剑父、陈树人等早年皆出其门下。

可园博物馆是以可园为依托的专题类博物馆，是收藏、研究、展示岭南古典园林建筑、居廉居巢等岭南画派艺术的中心和平台，也是重要的公共文化教育阵地。

导航小卡片	
地　　址	东莞市莞城区可园路32号
服 务 电 话	0769-22233015
开 放 时 间	9:00—17:30，周二闭馆
票 务 信 息	8元（古建筑区），综合馆区免费
网　　站	www.dgkeyuan.org
新 浪 微 博	东莞可园博物馆
微信公众号	东莞市可园博物馆

东莞市袁崇焕纪念园

袁崇焕纪念园是以崇焕故里为依托的纪念性专题博物馆，以收藏、研究、展示袁崇焕文化、弘扬袁崇焕爱国精神为宗旨。

忠良故里

袁崇焕纪念园位于东莞市石碣镇水南村，这里也是袁崇焕的出生地和故居地。园内湖光柳色，风景旖旎，亭台楼阁错落有致，曲径回廊别具一格，设有袁崇焕石雕像、袁督师祠、故居、三界庙等景点。

著名雕塑家潘鹤先生精心雕琢袁崇焕石雕像，手工精凿的十九幅袁崇焕传记浮雕，记载了袁崇焕的丰功伟绩。三界庙和袁督师祠雄伟庄严，高耸肃穆，寄存着袁崇焕的赤胆忠心。

袁崇焕纪念园常年举办"一代督师袁崇焕"专题陈列展等展览及各类公益文化活动，不断完善文化与旅游功能，受到社会各界的好评。

明万历四十七年（1619），袁崇焕担任福建邵武知县，在任时喜欢与退伍老兵讨论边塞之事，比较了解边塞的状况，自认为有镇守边关的才能。天启二年（1622），袁崇焕被破格提拔，在兵部任职。

不久，广宁被后金攻陷，朝廷商议派人镇守山海关。袁崇焕随即独自前往关外查阅地形。回朝后，袁崇焕上言称："予我军马钱谷，我一人足守此。"朝中众臣也都赞赏袁崇焕的才能，于是，袁崇焕被破格提拔为兵备佥事，督关外军。

爱国领袖

在抗击后金的战争中，袁崇焕先后取得宁远大捷、宁锦大捷。然而，他却因不得宦官魏忠贤欢心而辞官回乡。崇祯皇帝即位后，袁崇焕得以重新起用，于崇祯二年（1629）击退后金皇太极，解京师之围，立下汗马功劳。但是，魏忠贤余党却以"擅杀岛帅""与清廷议和""市米资敌"等虚构罪名弹劾袁崇焕，皇太极又趁机施反间计，袁崇焕最终被认为与后金有密约而被凌迟处死。

1912年，梁启超在《袁崇焕传》中对袁崇焕大加赞赏，认为他是能影响国家安危、民族兴亡的人。1952年，叶恭绰等联名上书毛泽东，请求保护北京袁崇焕墓，毛泽东在回复中称袁崇焕为"明末爱国领袖"。

导航小卡片	
地　　　址	东莞市石碣镇崇焕东路212号
服务电话	0769-86300160
开放时间	9:00—17:00
票务信息	免费
网　　　站	www.ych.org.cn
新浪微博	崇焕故园
微信公众号	东莞市袁崇焕纪念园、崇焕故园

广东东江纵队纪念馆

广东东江纵队纪念馆是华南地区东江流域最大的抗日战争遗址性专题博物馆，是世界反法西斯战争的见证地。

大岭山竖旗

1940年10月，广东人民抗日游击队东江纵队的前身之一——广东人民抗日游击总队第三大队，挺进东莞大岭山，在大王岭村设立部队领导机关，创建大岭山抗日根据地。在这里，游击队开展敌后游击斗争，取得百花洞战斗的胜利，粉碎日伪军"万人大扫荡"，沉重地打击了日伪军，有力地支援了华南地区及全国的抗日战争。

东江铁流

广东东江纵队纪念馆位于东莞市大岭山镇大岭村委会大王岭村，紧邻东江纵队遗迹、全国重点文物保护单位大岭山抗日根据地旧址。主体建筑以一组独特的几何造型，相互抽离、组合，体现了东江纵队开展游击战争忽聚忽散的行动特点，又具有鲜明的岭南客家建筑风格，立面气势恢宏，内设基本陈列展厅、临时展厅、报告厅、贵宾室等，楼顶设观景台，观众登高远眺，可尽览大王岭抗日古村落、百花洞战场和当地城镇新貌。

纪念馆以大岭山抗日根据地旧址文物资源为依托，设有"东江铁流，南粤旌旗"东纵历史主题陈列、大岭山抗日根据地旧址复原陈列、国防教育展览共三套基本陈列。

胜利号角

走进纪念馆的序厅，一幅"V"字形巨型浮雕迎面而来，成为抗战胜利的象征。上面的拳头和武器，表现出东江抗日军民抵御外侮的坚强斗志。

纪念馆文物藏品主要来源于东纵老同志、老区村民和社会捐赠，以及通过各种渠道面向全国乃至海外有关组织和民间收藏家广泛征集而来。纪念馆藏品种类丰富、东纵特色浓厚，对研究和展示东江纵队抗战和世界反法西斯战争史具有一定历史价值。

导航小卡片

地　　址	东莞市大岭山镇大岭村厚大公路旁
服务电话	0769-85651155
开放时间	8:30—17:30，周一闭馆
票务信息	免费
网　　站	www.dongzong.net.cn
微信公众号	广东东江纵队纪念馆 东江纵队纪念馆

东莞市博物馆

东莞市博物馆是东莞历史最悠久的文化场馆，它担负着文物收藏与研究、陈列展览和社会教育的职能，成为重要的公共文化服务平台和窗口。

推陈出新

　　东莞，因地处广州之东，境内盛产莞草而得名。东莞市博物馆是东莞市属唯一的地方综合性博物馆，原址在东莞人民公园内，新馆位于莞城区新芬路科书博广场内。

　　东莞市博物馆前身是东莞博物图书馆，它于1929年创建，1931年竣工。1959年，县委拨款对旧馆进行大修，成立东莞县博物馆。

　　1994年，东莞市博物馆新馆落成并对外开放。如今，馆内公众开放区分三层：一层为服务台、临时展厅；二层设有专题陈列区和互动体验厅，展出馆藏文物或引进各种精品展览，并向观众推出互动体验活动，将文物活化利用；三层为"古代东莞"基本陈列，从文明曙光、千年古邑、面向海洋、商贸重镇、崇文重教五方面向观众讲述古代东莞的故事，再现东莞古代文明的历史画卷。

作为承载莞邑大地深厚文化的东莞市博物馆，举办的各类专题展览既充分考虑到未成年人的特点，又坚持以青少年为重要受众群体，大大提升了博物馆对这一群体的亲和力和综合吸引力，从而激发青少年学生的爱国爱乡之情。

藏品丰富

东莞市博物馆现有馆藏文物近2万件，其中珍贵文物1080件（套），类别丰富，特色鲜明。在众多藏品中，有相当一部分为本地出土文物和地方史料，且文物中不乏精品，如国家一级文物——东莞寮步钟松雪家族墓葬中出土的白釉贴花梅瓶、东城区出土的大型汉代墓葬等。这些文物史料提供了极好的乡土教育资源，对于广大市民特别是青少年学生来说，是最为形象、最有感召力的乡土教育好材料。

导航小卡片	
地　　址	东莞市莞城区新芬路36号（科书博广场内）
服务电话	0769-22119729

榴花抗日纪念亭

榴花之战，是日军登陆华南以后，中共广东地方组织领导人民抗日武装对入侵日军进行的一次较早的有组织的抵抗，振奋了东莞的民心士气，成为东莞抗战历史上光辉的一页。

榴花之战

　　1938年10月，日本侵略军发动入侵华南的战争，10月12日，日军在大亚湾登陆。石龙、广州、虎门相继沦陷，莞城危在旦夕。中共东莞中心县委迅速组织和派出以王作尧为队长、袁鉴文为指导员的东莞抗日模范壮丁队及在此之前成立的社训总队，奔赴大岭山、虎门和石龙前线。10月19日，由社训总队政训员何与成、副总队长颜奇率领的部分抗日模范壮丁队和壮丁常备队共200多人开赴榴花一线，在峡口、京山、西湖、鳌峙塘等地作战20多天，毙伤日军数十人。县委书记姚永光也率模范壮丁队一部增援峡口，反复打退渡江来犯之日军，在石碣刘屋抗日自卫队的配合下，战士们浴血奋战，王尚谦等11人壮烈牺牲，刘屋抗日自卫队也牺牲了11人。日军遭打击后退回石龙。榴花之战是中国共产党领导东莞县人民抗日武装对入侵日军进行的一次有组织的抵抗，极大地振奋了民心士气。

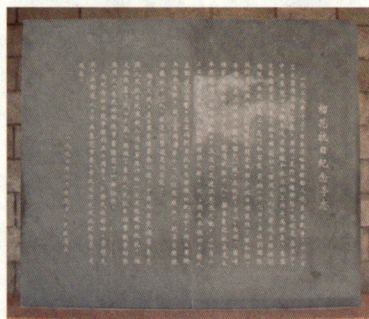

建亭纪念

沿着铜岭北面山峰拾级而上，可以看到矗立在山顶的榴花抗日纪念亭。台阶两边种有郁郁葱葱的青松，一直延伸到亭前。纪念亭呈四角亭形结构，高10米，共分三层。亭底层的正面挂着刻有"榴花抗日纪念亭"的牌匾。亭里立有一块抗日纪念碑，正面刻着榴花抗日纪念亭志，记述榴花之战。整个纪念亭占地面积约1480平方米。榴花抗日纪念亭兴建于1997年7月。1998年10月15日，在榴花战斗60周年之际，榴花抗日纪念亭举行落成揭幕仪式。

榴花公园

为保护红色资源，传承红色基因，让广大市民更好地接受爱国主义教育，榴花公园于1999年得以筹建，将现为省重点文物保护单位的古建筑榴花塔和榴花抗日纪念亭规划在一起，公园占地31.5公顷。

公园每年组织开展多场次主题鲜明、生动直观的宣传教育活动，使榴花公园成为市民群众了解革命历史、培养爱国情操和民族精神的课堂。

经过多年的努力，榴花公园已成为东莞市一处重要的爱国主义教育阵地。

导航小卡片	
地　　址	东莞市东城街道莞龙路东城段121号
服务电话	0769-22690577
开放时间	6:30-17:30
票务信息	免费

中山市

中山革命烈士陵园

中山革命烈士陵园是为了纪念从新民主主义革命到社会主义建设时期牺牲的革命烈士而修建，肩负着"褒扬先烈、启迪教育后人、弘扬先进文化"的历史重任。

庄严肃穆

中山革命烈士陵园依山而建，于1960年3月落成，陵园由门楼、牌坊、纪念铜像、革命烈士纪念碑、光荣亭、革命烈士墓、革命史迹陈列馆等建筑组成。陵园内，茂密的翠柏青松掩映，300多位革命先烈长眠于此。

这些革命烈士牺牲在从新民主主义革命到社会主义建设时期的不同时期，前赴后继，英勇无畏。革命烈士纪念碑高10米，碑座刻有烈士事迹铭文。碑正面刻"中山革命烈士纪念碑"九个大字，为原珠江纵队司令员林锵云手书。陵园大门牌坊上刻"中山革命烈士陵园"，为中共广东省原省长刘田夫手书。

2002至2007年，中山革命烈士陵园参照广州起义烈士陵园门楼样式改建了陵园大门，扩建了全部墓道，铺上花岗石，将牌坊、革命烈士纪念碑、革命烈士墓用花岗石重新装饰，并翻新了光荣亭，陵园环境得到全面提升。

重新修葺后的中山革命史迹陈列馆中"仁厚里、农会会场、卖蔗铺起义、刘广生故居、沙边小学、塘敢十二勇士、地下诊所、堡垒户夹墙屋、凤凰山石洞、古氏宗祠"等模拟场景再现新民主主义革命时期中山人民艰苦卓绝的革命斗争情景。

中山革命烈士陵园一直肩负着"褒扬先烈、启迪教育后人、弘扬先进文化"的历史重任，以树文明、优质、高效的民政窗口形象为目标，充分发挥爱国主义教育、党史教育基地的平台作用，宣讲革命先烈精神，服务烈属，服务群众，服务社会，发挥了重要的宣传教育作用，取得了良好的效果，已累计接待前来参观的社会各界人士130多万人。

导航小卡片	
地　　址	中山市南朗镇翠亨村光荣路一号
服务电话	0760-85501550
开放时间	8:30—17:00

中山市档案馆

中山市档案馆已建设成为集档案保管、查阅利用、陈列展览、教育培训、技术服务、办公等功能于一体的国家一级档案馆。

中山记忆

　　中山市档案馆成立于1958年10月，多年来一直秉持着忠实保管历史资料、竭诚为人民服务的宗旨，向市民提供便捷的查档服务。2016年，新档案馆乔迁至中山市兴文路7号。

　　近年来，中山市档案馆先后推出"抗战烽火　中山记忆——纪念抗日战争胜利70周年展"、"齐贤修身　传承好家风——中山市家风家训文化图片展"及巡展、"粤港澳大湾区之中山、江门开发历史展"、"爱的奉献——中山市档案馆慈善万人行藏品展"、"信仰的力量——中国共产党人的家国情怀"档案展、"天下为公——孙中山档案图片展"等多个专题展览以及固定主题展"记忆中山"。这些大型展览获社会热烈反响,对增强人民群众社会档案意识、推动中山历史人文氛围起到重要作用。中山市档案馆开展形式多样的活动,组织人民群众走进档案馆,了解档案与档案工作,学习档案知识,感受博大精深的档案文化与厚重的中山历史文化,激发人民群众爱国爱乡情怀。

变"死档案"为"活教材"

　　中山市档案馆充分发挥档案的教育功能,利用馆藏优势,以公开出版、编印等形式,推出兼具史实性和地方特色、有社会影响、人民群众喜闻乐见的档案文化读本40多种。如《香山明清档案辑录》《建国六十周年中山纪事》《档案里的中山》《齐贤修身 传承好家风——中山市家风家训文化读本》《珠江西岸历史中的粤港澳大湾区——中山、江门开发图像简史》《红色珠中江》等。2015—2016年,和中山市教体局教研室联合编写的乡土教材中山文化进校园高中系列读本《名人中山》《人文中山》《口述中山》,将档案引入教材,变"死档案"为"活教材",帮助青少年了解中山本土历史、热爱本土文化。

导航小卡片	
地　　址	中山市东区兴文路7号(中山市档案信息中心)
服务电话	0760-88334489、88318319
开放时间	周一至周五8:30—12:00, 14:30—17:30 周六至周日9:00—11:00, 14:30—17:00

杨殷故居

杨殷同志是中国共产党早期重要领导人之一，坚定的无产阶级革命家，著名的工人运动领袖，党的早期军事工作的重要领导者和情报保卫工作的重要开拓者之一。

英雄模范

杨殷，1892年出生于翠亨村，与中国民主革命伟大先驱孙中山是同乡近邻。受孙中山爱国思想的影响，杨殷曾经追随孙中山八年，为推翻清王朝封建统治多方奔走。面对孙中山领导的革命运动几起几落，杨殷没有气馁，在实践中继续探索挽救中国的道路，并于1922年上半年加入中国共产党。1925年6月，杨殷等党员组织工人进行省港大罢工，先后成立中华全国总工会省港罢工委员会、工人纠察队，坚持采用罢工、武装封锁香港、抵制港货的手段，给英殖民主义者以沉重的打击。党中央后来称杨殷是"中国历史上最有名的广东省港大罢工的领导者"。1927年12月，杨殷与张太雷、叶挺、叶剑英等同志一起领导了震惊中外的广州起义，对国民党反动派进行英勇反击，成立广州苏维埃政权。在广州起义中，杨殷既是秘密工作的指挥部成员，又是身先士卒的革命战将。在张太雷牺牲后，杨殷临危受命成为广州苏维埃政府代主席。1928年，中共六大后杨

殷曾经担任中央政治局常委，中央军事部部长，中央军委委员、主任等职。1929年8月，杨殷被叛徒出卖，在上海壮烈牺牲，年仅37岁。

红色资源

秘密交通站

杨殷故居建于清光绪十四年（1888），位于中山市南朗街道翠亨村，建筑面积约167平方米，是典型的岭南"三间两廊"式传统建筑。1892年8月12日，杨殷在此出生，并长期居住生活。杨殷参加革命后，他利用故居厨房的粮食加工间作掩护，秘密印刷起义和革命的宣传材料。抗战期间，游击队在故居内设置秘密交通站，故居建筑外墙尚保留有抗战时期日军射击的子弹孔等痕迹。

2021年，杨殷故居展示区进行全面规划提升，以杨殷故居为核心，整合周边包括广场、兼善杨公祠（中共南方局军事委员会和肃反委员会联络点遗址）、仰仙杨公祠（杨殷纪念展览布展地）、杨殷祖居杨莱礼堂、"韵园"旧址、杨维学烈士故居及杨日韶、杨日暲烈士故居等相关的历史建筑和革命遗址，充分挖掘和活化红色资源，完善服务及教育功能，实现杨殷烈士光辉事迹展览常态化、理论研究专业化、革命精神宣传教育深入化。

导航小卡片	
地　　址	中山市南朗街道翠亨村
服务电话	0760-28158361
开放时间	9:00—17:30，每年5月至9月周六、周日，全年法定节假日、黄金周9:00—18:00
票务信息	免费
微信公众号	孙中山故居纪念馆
网　　站	http://www.sunyat-sen.org/

江门市

梁启超故居

梁启超是我国近代史上著名的政治家、思想家、教育家、学术大师。

维新健将

梁启超故居主要分为两个部分，梁启超故居和梁启超纪念馆。

故居是梁启超出生和少年时期生活的地方，建于清光绪年间，包括故居、怡堂书室、回廊陈列室，是一幢颇具岭南特色的青砖土瓦平房。怡堂书室是梁启超曾祖父所建，是梁启超少年时代读书、接受儒家传统教育的地方。梁启超的祖父梁维清是梁启超最为推崇的人物之一，他长大成名之后还一再撰文称颂他的祖父。

梁启超在12岁中秀才，17岁中举人，在1890年南归后认识了康有为，康有为的新思想让他非常震撼，于是他拜师康有为，同时树立起忧国忧民的爱国思想和救国的伟大抱负。后来，他和康有为一起发动了公车上书和百日维新，1895年的公车上书拉开了维新变法的序幕，也使梁启超从一介书生转变成为维新领袖。后来，虽然因为戊戌变法的政策脱离了当时中国的实际，同时遭到守旧派势力的强烈反对，变法最后失败，梁启超被迫流亡日本14年，但他继续寻找救国良方，通过办报、发起小说界革命和史界革命，启蒙国民的思想。

1912年梁启超回国后，积极参与政治建设，反对袁世凯称帝，为再造共和立下汗马功劳。之后，梁启超辞去官职，前往欧洲游历，1919年，他旁听了巴黎和会，得知会议决定要把德国在山东的主权转交给日本，他立马把这个消息传回国内，间接促成了五四运动的爆发。

著作等身

    1920年，梁启超回到国内，把精力转向了学术研究和国民教育，探索新的救国方法。他通过在各大学校演讲向青年学生传达新思想，希望当代青年爱国自强。梁启超晚年在饮冰室写下非常多的著作，涉及政治、经济、法学、哲学、社会学、图书馆学等多方面的内容，所以他也有"百科全书式的天才学者"的称号。

    梁启超一生著述达1400万字，结集为《饮冰室合集》，此外还有涉及历史、学术、文化、实业等方面的著作。但他不是一个只埋头做学问的人，他曾经在16个月里到全国各地演讲34场，演讲内容"五花八门"，据史料记载，梁启超每次演讲，会场内外都人山人海。这也验证了他那句"战士死于沙场，学者死于讲坛"。梁启超心中的讲坛，绝不仅是学校里的讲台，更是广阔的社会大讲坛。

风采再现

    梁启超纪念馆位于梁启超故居南侧，在2001年落成，建筑面积1600多平方米，建筑形式为中西合璧，既有晚清岭南侨乡建筑韵味，又隐现天津饮冰室建筑风格，与原有故居、怡堂书室以及新建的广场等连成一片。2013年，纪念馆内重新装修和布展，新的展览共分7个部分：序言厅、梁启超少年时代、政治活动、办报活动、学术成就、书法艺术、家教艺术及梁启超研究成果，另外设有好家风图片展览室，每部分以不同的专题、从不同的层面，展示梁启超作为中国近代史上杰出的爱国政治活动家、思想家、享誉中外的学术巨擘和书法大家的风采。

导航小卡片	
地　　址	江门市新会区会城茶坑村
服务电话	0750-6390437
开放时间	周二至周日9:00—17:00，周一闭馆
票务信息	免费

冯如纪念馆

飞行救国

冯如，原名冯九如，乳名冯珠九，字鼎三，号树垣，广东恩平人，中国第一个飞机设计师、制造家和飞行家。冯如12岁随父漂洋过海到美国谋生。到旧金山后，经乡亲介绍，在耶稣教会做童工，日工夜读，生活十分艰苦。通过学习英语和科技知识以及目睹日新月异的先进机器，他认识到国家富强，必有赖于机器，于是更加发愤学习，专攻机器制造。他先后在船厂、电厂和机器制造厂当学徒和工人，历时近7年，备受种族歧视和失业的折磨，终于学会了多种机器制造技能，也深入学习了机器制造知识。

1907年，冯如终于在旧金山的奥克兰租了一所工厂，开始制造飞机。1909年9月21日傍晚，"冯如1号"正式试飞。冯如驾机迎着强风起飞，升至4.5米高，环绕一个小山丘飞行，飞行了约800米，显示了他的飞机具有良好的性能，从而为中国动力载人飞行史谱写了光辉的第一页。当时中西报刊竞相报道。美国《旧金山考察者报》在头版显著位置刊登了冯如的大照片，赞誉冯如为"东方的莱特"，并惊呼"在航空领域，中国人把白人抛在后面了"！

青冢黄花

1911年2月，冯如带着公司人员、机械设备和造好的飞机回国。他以"壮国体，挽权利"为宗旨，在广州设厂，制造机器和飞机，把公司易名为"广东飞行器公司"，并亲自担任总机器师。

1911年10月10日，武昌起义爆发，全国沸腾。11月9日，广州光复，广东革命政府成立，冯如率助手参加革命。冯如之所以走上革命道路，除了他的爱国思想和受革命风暴的激励外，主要是因为他对清朝廷所抱的幻想已经破灭，认识到他的航空救国主张和发展中国航空工业的抱负只有"入民国后或可实行之"。

参加革命后，冯如被任命为广东革命政府飞机长，成为中国第一个飞机长；他在广州燕塘建立的广东飞行器公司是中国国内的第一个飞机制造厂。当时清廷尚在北京，冯如以虏巢未破，终为后患，遂结合同志，组织北伐飞机侦察队，准备北伐，并加紧制造飞机，以供北上参战，推翻清王朝。经过3个月的努力，1912年3月，中国国内制造的第一架飞机诞生，揭开了中国航空工业史的第一页。因此，冯如也是中国近代航空事业的创始人和开拓者。

1912年8月25日，冯如在广州燕塘做飞行表演时失事遇难，时年仅29，葬于黄花岗。在他生命弥留之际，还念念不忘嘱咐他的助手："勿因吾毙而阻其进取心，须知此为必有之阶段。"赤诚之心，令人动容。

追悼会在冯如蒙难处召开。各界人士送来挽联，其中文学家何淡如的挽联为："殉社会者则甚易，殉工艺者则尤难，一霎坠飞机，青冢那堪埋伟士；论事之成固可嘉，论事之败亦可喜，千秋留实学，黄花又见泣秋风。"

鳌峰立志

冯如纪念馆建于1985年，馆内陈列冯如航空的史料。馆舍前有面积500平方米的广场，广场中央矗立着高1.95米的冯如全身铜像，并陈列有中国人民解放军空军赠送的歼五型退役战斗机一架。

导航小卡片	
地　　址	恩平市恩城北部鳌峰山顶
开放时间	暂不对外开放

江门五邑华侨华人博物馆

江门素有"中国第一侨乡"之称，江门五邑华侨华人博物馆是广东省首个以国内外文物为内容的综合性华人博物馆。

魂牵故里

五邑指广东省江门市所管辖的新会、开平、台山、恩平、鹤山五地。由于五地人文风俗基本一致，故以"五邑"著称，闻名海内外。

近一个半世纪以来，五邑华侨华人为祖国的建设和发展，为改变家乡贫穷落后的面貌，作出了永垂史册的伟大贡献。

江门五邑华侨华人博物馆（下文称华博馆）坐落于五邑华侨广场内，于2002年筹建，2010年全面落成开放。华博馆的固定陈列展"五邑华侨史"主题为"根在五邑"，整个展览内容丰富多彩，分为金山寻梦、海外创业、碧血丹心、侨乡崛起、侨乡新篇、华人之光六个部分，全面展现五邑籍华侨华人在海外的艰辛创业以及回报家乡的感人故事。

华博馆至今共征集到华侨实物4万余件，馆藏文物之多、内容之丰富、价值之高，位居全国同类博物馆前列。馆藏精品率达30%，有许多亮点，有些实物蕴藏着丰富的文化内涵，无论是文物价值、历史价值，还是科学价值都很高。

卖子救国

旅居新加坡的新会籍华侨郑社心先生捐出其先父当年卖子救国、义卖瓜子筹款支援祖国抗战时穿过的衣服和使用过的布袋，以及卖子救国的契约等成套几十件珍贵文物，这些文物记述了五邑籍华侨郑潮炯先生的一段爱国故事，见证了当年其支援祖国抗战救国的旷世义举。

1937年起，郑潮炯在马来亚山打根筹赈组织的协助和配合下，只身在北婆罗州及砂劳越各埠义卖瓜子筹款，在短短的五年间，他一个人筹得义款多达18万余元，全部捐款交给了以陈嘉庚先生为主席的南洋华侨筹赈总会。更为可贵的是，郑潮炯在筹款越来越困难的情况下，于1939年忍痛把妻子还怀在肚子里的孩子卖给了别人，并将所得的乳金80元悉数捐入筹赈会。他的感人事迹在南洋广为传播，掀起了新一轮抗日筹款热潮。

弘扬侨乡文化

博物馆生动地展示了五邑华侨华人顽强奋斗、爱国爱乡的精神以及丰富多彩的侨乡文化，令参观者能亲身体会当年华侨华人出洋、寻梦、生根，站稳脚跟后不忘祖国、反哺桑梓等艰苦创业的景况，从而更深切地感受五邑华侨华人艰难而辉煌的生存、创业史和贡献史，以及华侨华人独特、丰富而深厚的文化底蕴。

开馆以来，华博馆已成为江门市对外宣传、接待的重要窗口和文化名市建设的重要品牌，为弘扬侨乡文化，构建和谐社会作出了突出贡献，同时也成为广大市民丰富文化生活、享受文化成果的重要场所。

导航小卡片

地　　　址	江门市蓬江区院士路五邑华侨广场东侧
服 务 电 话	0750-3936219
开 放 时 间	9:00-17:00，周一闭馆
票 务 信 息	免费
网　　　站	www.jmbwg.com
微信公众号	江门市博物馆

江门市周文雍陈铁军烈士陵园

　　头可断，肢可折，革命精神不可灭。壮士头颅为党落，好汉身躯为群裂。

——周文雍

　　一个革命者应该学习古今中外伟大人物的高贵品质和英雄气概。

——陈铁军

褒扬先烈

　　周文雍陈铁军烈士陵园前身是一座烈士纪念碑，1957年由广东省人民政府出资兴建，1983年重修，1999年扩建为烈士陵园，2012年后进一步升级改造。陵园内，在20多米高的平台上建有高31.6米的纪念碑，碑上镌刻叶选平的题词"周文雍陈铁军烈士纪念碑"，碑座正面镌刻的碑文上记录着两位烈士的革命事迹。

　　纪念碑前建有四个步级平台，步级中央镌刻着"浩气长存"，两旁栽种着花卉和松树，林荫婆娑，形成一处园林景观。

走向革命

　　周文雍，1905年出生于广东省开平县百合镇，在一个贫穷私塾教师的家庭里长大，从小跟着父亲读书识字。辛亥革命以后，新学兴起，父母把周文雍送去学校读书，他刻苦努力，在1922年考入广东省立第一甲种工业学校机械科。在校期间，周文雍受到学生运动领袖阮啸仙、刘尔崧、周其鉴等人的革命思想熏陶，阅读进步书刊，接受了革命思想的教育。1923年5月，周文雍加入了社会主义青年团，不久担任学校团支部书记和学生会主席，开始走上革命道路。1925年，周文雍加入中国共产党。

周文雍 陈铁军

陈铁军原名陈燮君，1904年出生在广东省佛山市的一个归国华侨的富商家庭。陈铁军从小性格倔强，热爱读书。1919年五四运动期间，陈铁军听了郭鉴冰宣传男女平等、妇女解放的演讲之后，得到启发，为她以后的革命信念奠定了基础。陈铁军初中毕业后，考入广东大学文学院预科。在大学期间受到党的教育，她也参加了新学生社和广东妇女协会，并成为这两个组织的积极活动分子。1926年，陈铁军由同学区梦觉介绍加入中国共产党。

视死如归

1927年，中共广东省委决定在广州发动武装起义，发表《号召暴动宣言》，成立革命总指挥机关"革命军事委员会"，任命周文雍担任广州工人赤卫队的总指挥。陈铁军则充当周文雍的联络员。1927年12月11日凌晨，震惊中外的广州起义爆发。经过两个多小时的激战后，起义军民成功占领广州的大部分城区，起义取得胜利，成立中国第一个城市苏维埃政权。周文雍出任广州苏维埃政府人民劳动委员。

广州起义在第二天发生变化，最终还是由于敌我力量悬殊告败。组织撤出广州，转至香港。为恢复广州的革命力量，周文雍和陈铁军不顾危险，以夫妻名义重回广州。但由于叛徒出卖，两人同时被捕。周文雍在敌人监狱写下"头可断，肢可折，革命精神不可灭。壮士头颅为党落，好汉身躯为群裂"的绝笔诗作。国民党反动派宣布判周文雍陈铁军死刑。在周文雍要求下，临行前两人在监狱窗前留下唯一的合影。

1928年2月6日，周文雍和陈铁军被押往广州东郊红花岗进行枪决。在途中，两人仍然高呼"打倒国民党新军阀""中国共产党万岁"的口号，高唱国际歌，表现出革命者坚贞不屈、视死如归的大无畏精神。

导航小卡片

地　　址	开平市百合镇茅冈圩广湛公路旁
服务电话	0750-2518821
开放时间	8:30—12:00，14:30—16:30
票务信息	免费

阳江市

阳江市围歼战革命烈士纪念园

阳江围歼战是解放战争时期广东战役中较重要、规模较大的一场战斗。

一座碑，一座城

　　沿着325国道从阳江城区一路向西，在白沙段佛子岭，一座高大的纪念碑赫然映入眼帘。

　　纪念碑背后的碑文记载：1949年10月14日，广州解放，国民党余汉谋集团残部刘安琪兵团等4万余人向阳江方向溃逃。17日，中国人民解放军第二野战军第四兵团司令员陈赓令十四军军长李成芳率十三军、十四军、十五军中的6个师分左、中、右三路追歼逃敌，二野四兵团指战员日夜兼程，于23日到达阳江境内，24日傍晚解放阳江城。对阳江地区的4万余逃敌形成西、东、北三路包围。紧接着经过24日、25日两天激战，将国民党逃敌压缩在平冈圩廉村为中心的东西10里、南北20里的狭小地带。26日

拂晓，人民解放军部队发起总攻，正午12时，阳江围歼战胜利结束。是役歼敌4万余人，其中俘敌3万余人，打死、打伤及被淹死的敌人1万余人。中国人民解放军右路军一二五团副政委李振之等246名官兵（其中1名日本籍女国际主义战士）壮烈牺牲。阳江围歼战的胜利对解放琼崖和解放广西均有重大意义。

战白沙，战犹酣

在整个阳江围歼战中，白沙阻击战尤为关键。在1949年10月24日那场激战中，解放军一二五团与阳江地方武装配合，在白沙圩附近的猫头岭、大茶山、佛子岭等阵地上打退了国民党军多次冲锋。一二〇团由瓦窑头直取程村，截断国民党军西逃的退路，为此后的全歼国民党军创造了条件。一二五团在阻击战中共击毙、俘虏国民党军超过2000人，同时也付出了31人牺牲、107人负伤的代价。

民族兴，国家盛

为纪念在阳江围歼战役中牺牲的革命烈士，1958年，阳江县白沙人民公社（今阳江市江城区白沙街道办事处）在白沙圩侧的花果山建成革命烈士纪念碑，因原址地方较小且靠近圩场，群众瞻仰烈士碑时拥挤不堪，白沙镇人民政府（今阳江市江城区白沙街道办事处）于1988年将纪念碑迁至阳江围歼战白沙阻击战战场——佛子岭。1997年10月，中共阳江市委、阳江市政府对阳江围歼战革命烈士纪念碑进行重建，于1998年3月20日落成。

在佛子岭的最高处，阳江围歼战革命烈士纪念碑默默守望着山下的村庄和人民。这座光荣的纪念碑上，镌刻着"革命烈士永垂不朽"几个大字。它不仅铭记着烈士们为了解放事业英勇献身的事迹，也见证了一段民族复兴的历史和这座滨海之城的发展脉动。历经岁月的洗礼，这座革命烈士纪念碑依然熠熠生辉！

导航小卡片	
地　　址	325国道江城区白沙路段西南侧佛子岭
服务电话	13192563229
开放时间	全天
票务信息	免费

湛江市

湛江市博物馆

湛江市博物馆通过实景展示、主题雕塑、大型实物模型和美术作品，配合声光电等多种展现手法向广大观众宣扬湛江人民捍卫领土、奋勇杀敌的大无畏精神。

月影湖畔藏珍品

　　湛江市历史悠久，先祖留下的瑰宝众多；雷州半岛位于祖国南海前沿，历来被外国列强垂涎、进犯，当地留下许多人民抗击侵略军的雄壮遗迹。

　　湛江市博物馆建于1960年，位于美丽的赤坎月影湖畔西山上，博物馆楼顶为尖塔红星，高大雄伟。展馆周围桄榔参天，古榕婆娑，据山临水，环境优美。馆名由董必武题词。湛江市博物馆收藏文物上万件，有石器、陶瓷、铜鼓、东汉独木舟、唐代昆仑女头像、抗法斗争文物等，其中不乏国家一级文物。

一寸河山一寸金

博物馆内以实景展示了两个重要的场景，其中一个是赤泥岭誓师的场景。1899年初，法国提出扩大"租界"范围，遂溪人民群情汹涌，誓抗法军入侵，遂溪知县李钟珏筹办抗法团练，劳动群众踊跃报名当义勇，绅士商贾纷纷认捐经费，形成了"穷人有要命富人有要钱"共议反侵略的局面，迅速练成了一支1500人的遂溪团练义，并在赤泥岭举行誓师集会，厉兵秣马迎击入侵之敌。

另一个是钩镰岭战役的场景。1944年11月23日，驻赤坎的日伪军100多人，于钩镰岭海边登陆，准备"扫荡"石门乡。中共吴（川）廉（江）边特派员黄景文率领白鸽港、泮北抗日游击队，击沉敌人木船，堵死敌人退路，把日伪军围困在钩镰岭。驻廉江的詹式邦闻讯率领电吴梅沿海警备队300多人赶到，与游击队并肩作战，共毙、伤日军小队长松川等日伪军30余人。

寸土当金与伊打

湛江人民抱着"寸土当金与伊打"的信念，多次击退了敌人的进攻。为了纪念抗法斗争，当地群众将赤坎桥改名"寸金桥"。从此，寸金桥成为抗法斗争的象征性建筑物。郭沫若到湛江观看粤剧《寸金桥》时，题诗有"一寸河山一寸金"之句，寸金桥名声更著。原有的"寸金桥"隶书桥名刻石，现存湛江市博物馆。

馆中陈列展示的粤西地区出土的铜鼓、陶瓷品等，介绍了其传统文化特征，从中可以了解岭南古代的历史和民族艺术。

导航小卡片

地 址	湛江市赤坎区南方路50号
服务电话	0759-3338921（办公室） 0759-3336241（展厅）
开放时间	9:00—17:30，周一闭馆
票务信息	免费
网 站	www.zjsbwg.com
微信公众号	湛江市博物馆

雷州青年运河展览馆

雷州青年运河工程建成运行以来，从根本上改变了雷州半岛苦旱局面，为雷州半岛经济社会发展发挥了重要的作用，创造了新中国成立初期水利工程的奇迹，谱写了一曲湛江人民群众战天斗地、艰苦奋斗的壮丽乐章。

久旱逢甘

历史上的雷州半岛十年九旱，严重缺水，人民生活生产极度困苦，为改写雷州半岛干旱苦难历史，1958年5月15日，中共湛江地委作出《关于兴建雷州青年运河工程的决定》。中共湛江地委主要负责人带领30多万劳动大军众志成城、自力更生、艰苦奋斗，自带工具、自带粮食、自带材料、自办工厂、自搭工棚，手挖肩挑修建雷州青年运河工程。

大石碾
俗称大石牛，是建库时用于压实土坝的碾轧工具，重3180公斤。

雷州青年运河工程分为鹤地水库工程和雷州青年运河灌区工程。鹤地水库跨粤桂两省区三地市（湛江、玉林、茂名）四县（陆川、博白、化州、廉江），于1958年6月动工建设，1959年8月建成，9月通水，最大水面面积122平方千米，总库容11.44亿立方米。有主、副坝36条，全长7.9千米，是以灌溉为主，兼顾防洪、供水、发电、旅游等综合功能的国家大（Ⅰ）型水利枢纽工程，也是雷州青年运河灌区的水源工程。

雷州青年运河灌区工程于1960年5月建成全线通水运行。灌区有主河6条，长277千米，干、支渠4039条，长5300多千米。灌区设计灌溉面积200万亩，有效灌溉面积146万亩，涵盖湛江市及茂名市辖的化州市共9个县市区，是全国重点大型灌区、广东省第一大灌区。

邓小平、周恩来先后亲临湛江视察，对湛江人民取得水利建设的辉煌成就深感欣慰，高度赞扬湛江人民了不起，是当代愚公。陈毅还在这亲自种下两棵南洋杉。如今，这里碧波万顷，浩似烟海，让人流连忘返。

工程建成运行以来，从根本上改变了雷州半岛苦旱局面，为雷州半岛经济社会发展发挥了重要的作用。工程运行至今将近60年，成功抵御了多次特大洪水和特大旱情，防洪减灾效益显著，保障了雷州半岛146万亩农田灌溉用水，解决了400多万人生活用水，维护了雷州半岛水系生态环境。运河水被亲呼为"生命之水"，鹤地水库被誉为湛江人民的"大水缸"。

导航小卡片

地　　　址	湛江市廉江市河唇镇河新路142号
服务电话	0759-6455689
开放时间	8:30—12:00，14:30—17:30
票务信息	免费

解放军三八三团
解放海南岛指挥部旧址

湛江解放后，中央军委决定进行解放海南岛战役。1950年4—5月，中国人民解放军第四野战军四十三军一二八师三八三团进驻硇洲岛，指挥部设在津前天后宫。

胜利登陆

1949年4月，毛泽东主席、朱德总司令发出向全国进军的命令。为"消灭残敌，平定全粤"，毛主席就解放海南岛做出部署。1950年2月，中央华南分局书记、广东省主席、广东军区司令员兼政委叶剑英出席由兵团司令员邓华主持召开的广州作战会议（简称"二月会议"），研究制定了"以先前设想的以木帆船为主要渡海工具，在无空军支援、配合的情况下，采取积极偷渡、分批小渡与最后登陆相结合"的渡海作战方针及"起渡后一直向东南方航行，直达海南岛东北侧的七洲岛，然后转向正西方直达登陆点"的潜渡航线，并决定由师参谋长孙干卿率领一二八师三八三团执行潜渡任务。

三八三团接受执行潜渡的任务后，在硇洲岛进行了为期3个月的海上大练兵。3月5日，三八三团准备起渡，遗憾的是由于没有风，不能起渡，于是四十三军党委决定由三八三团团长徐芳春和团政治处主任刘庆祥带领一个加强营执行偷渡任务。3月10日，徐芳春和刘庆祥、一营营长孙有礼、教导员王恩荣带领团司令部参谋王怀祥、杨彩同、吴玉和侦通连指导员李清桂等加强营全体官兵共计1007人登上21只木帆船，从硇洲岛津前天后宫启渡，征服了近400海里（约740公里）的大海，经历了8级狂风暴雨的考验，胜利登陆海南岛。登岛后，渡海先锋营先后历经潭门之战（3月15日）、塔市

之战（3月31日接应一二七师加强团）、钟瑞之战（4月1日）、福山之战（4月18日）、黄竹之战（4月19日）、美亭决战（4月20日至4月21日）等六场主要战役，最终于5月1日解放八所、北黎，标志着海南岛全面解放。

旧址的变迁

硇洲岛津前天后宫始建于明正德元年（1506），迄今有500多年历史，是粤西最早的妈祖庙，总建筑面积2045平方米。湛江解放后，中央军委决定进行解放海南岛战役，三八三团进驻硇洲岛，指挥部设在津前天后宫。硇洲岛人民群众积极为三八三团召集渡琼作战船夫和船只，帮助指战员训练渡海技术，捐款献物，甚至直接参加战斗，为解放海南岛做出了重大贡献。

2020年3月，硇洲渡海先锋营陈列室、文化长廊开始筹建，2020年9月建成，延续三八三团作战指挥部旧址，合称硇洲渡琼作战指挥部红色廉政教育基地。教育基地总用地面积9388平方米，核心区面积8008平方米，陈列室建筑面积1408平方米。陈列室的一、二层设有"英明决策""运筹帷幄""厉兵秣马""战前部署""战前誓师""神勇偷渡""岛上歼敌""庆祝海南岛解放""荣誉称号""缅怀英烈"等十个部分展览，讲述与还原历史。

教育新引擎

教育基地秉持"弘扬革命精神、传承红色基因，筑牢理想信念、推进伟大事业"的核心理念，融合了海岛文化、地域特色、红色基因、廉洁文化、基层党建等元素，通过图片、影像、雕塑、蜡像以及实物和场景等还原历史，成为党史宣传教育的特色场馆、党员强化党性锤炼的宣教阵地、青少年接受爱国主义教育的生动课堂，为湛江经济技术开发区开启红色教育新引擎。

导航小卡片	
地　　　址	湛江经济技术开发区硇洲镇津前社区
服 务 电 话	0759-2874948
开 放 时 间	9:00—11:30，14:30—17:30（工作日开放）
票 务 信 息	免费

茂名市

高州冼太庙

高州冼太庙始建于隋，是纪念古代岭南杰出的百越少数民族首领冼夫人（约512或525—约602或604）的古建筑。周恩来总理曾称颂冼夫人为"中国巾帼英雄第一人"，盛赞她维护国家统一、增强民族团结的精神。

百越首领

　　俚人是东汉末年至唐初活跃于广东，特别是粤西的土著民族。冼夫人，名英，是高凉俚人大首领冼家的女儿。她是中国古代杰出的政治家和军事家，被奉为"岭南圣母"。冼夫人祖上世代是南越的首领，占据山洞，部属有十余万家。冼英自幼多谋略，未出嫁时，就能行兵布阵，镇服百越。冼夫人与梁朝高凉太守冯宝结婚后，约束本族，让他们依从民礼，同丈夫冯宝一起解决各族诉讼。自此政令有序，民众悉遵之。

冼夫人以南越部族首领的身份"请命于朝"，与丈夫冯宝统率大军下海南，建置崖州，结束海南岛600多年疏远祖国，属中国版图而有名无实的局面。冼夫人历经梁、陈、隋三朝更迭，都顺应历史潮流，以所辖可称王的南中国广阔之地归附中央王朝，成为我国历史上绝无仅有的促进民族团结、国家统一的光辉典范。

冼夫人完美地结合了中央王朝的意志和人民群众的愿望，历朝皇帝赏赐她的封号就有十几个之多，如"谯国夫人"等；而后人则广建庙宇纪念她，仅高州城乡冼太庙就超过300间，其中高州冼太庙是全国最正宗、规模最大、品位最高的一间。

庙宇辉煌

高州冼太庙始建于隋，原在古高州城（今长坡镇旧城村）。明嘉靖十四年（1535），庙随城迁至今址。该庙三座四进，总建筑面积3000多平方米。整座建筑红墙绿瓦、斗拱飞檐，木刻、石雕、泥塑，工艺十分精湛。大殿金碧辉煌，气势非凡。林立的古代珍贵碑刻、壁画，令人叹为观止。历代文人墨客为冼夫人题写的对联、诗、词数不胜数。其中的巨型精美木雕屏风"百鸟朝凤"和后殿供奉的冼夫人、冯宝双人雕像"和合神"，就是民族团结的历史文物见证。

导航小卡片	
地　　址	高州市文明路
服务电话	0668—6666540
开放时间	7:30—17:30
票务信息	免费

茂名石化工业观光区

茂名石化创建于1955年，是国家"一五"期间重点项目之一。近年来，茂名石化在经济效益节节攀升的同时，还牢固树立"绿水青山就是金山银山"的理念，创办了工业观光区。

石化航母

茂名石化隶属于中国石油化工集团公司，经过近70年的发展，已成为我国生产规模最大的炼油化工一体化企业之一。目前炼油综合配套加工能力达到每年2000万吨，乙烯生产能力达到每年110万吨，同时拥有动力、港口、铁路运输、原油和成品油输送管道以及30万吨级单点系泊海上原油接卸系统等较完善的配套系统。

工业旅游

茂名石化不但在规模经济上获得长足进步，而且在治理环境污染、改善生态环境上取得了显著成绩。走进茂名石化炼油厂，映入眼帘的是绿油油的草坪、绽放的花儿、矗立的假山、涓涓的喷泉，景色宜人。茂名石化大力弘扬"我为祖国献石油""为美好生活加油"等爱国主义精神，把公司厂史馆建成融厂史、科普、文化为一体的爱国主义教育阵地。1999年，茂名石化被列为广东省工业旅游观光景点。

绿色园区

茂名石化把绿色低碳发展上升为企业战略，主动执行最严环保发展标准，以"凡是环境保护需要的投资一分不少，凡是不符合环境保护的事一件不做，凡是污染和破坏环境带来的效益一分不要"为发展原则，持续加大环保投入力度。2019年1月，茂名石化成为首批"中国石化绿色企业"。

进入工业园参观，可以看到在乙烯厂污水处理池旁，有一块公示屏，实时更新环保监测数据。游客可以亲身感受到污水处理后已经没有异味，水质清澈，还能养金鱼。在这里，人们还可以参观海上作业队、码头、岸上单点浮筒，甚至登上茂石化七号船，体验船员的工作和生活。自2013年开展公众开放日以来，茂名石化已经举办了400期公众开放日活动，参观人数超过1.8万人。

导航小卡片	
地　　址	茂名市双山四路9号
服务电话	0668-2242882
开放时间	需预约
票务信息	免费
网　　站	mmsh.sinopec.com/mmsh
微信公众号	中国石化茂名石化公司

电白革命历史纪念馆

电白革命历史纪念馆是粤西地区规模最大、功能最齐全的县级革命历史纪念馆。

纪念先烈

在茂名市电白区旦场镇松山中小学生社会实践基地内，坐落着电白革命历史纪念馆。该馆于2011年6月12日开馆，拥有600多幅历史图片、60件实物、8组雕塑和1个地形地貌沙盘等展品和一个可容纳140人的影视厅，分成革命星火、抗日烽火、解放洪流、革命英烈、老区人民的奉献和继往开来等六大展区。

纪念馆为电白人民提供了宝贵的精神食粮，为广大党员干部群众学习和了解电白革命斗争历史，开展革命传统教育和爱国主义教育提供了重要阵地和生动教材。

电白这块土地上，闪烁着革命历史的光辉。邵贞昌、崔万佳、李嘉等革命先烈在此率先组建起了南路地区第一个中共支部——电白县支部，并率众正面迎击日本侵略者，打响南路地区抗日第一枪。

解放战争时期，中共电白党组织大力发展人民武装力量，广泛开展游击战争，不断巩固和扩大游击根据地，同时加强对学生爱国民主运动的领导，加强地下革命活动据点的建设和新据点的开辟，形成了第二条战线。在南下解放军的大力支持下，电白民众依靠自己的武装力量解放了电白，并支援解放海南岛。

导航小卡片

地　　址	茂名市电白区旦场镇松山
服务电话	0668-5115106，5128666
开放时间	8:30—12:00，14:30—17:30
票务信息	免费

肇庆市

星湖风景名胜区（含鼎湖山）

1982年，取七星岩的"星"和鼎湖山的"湖"，两地合称星湖风景名胜区。星湖风景名胜区集"桂林之山，西湖之水"于一体，构成山环水绕的天然胜境，被誉为"岭南第一名胜"。

五湖似镜照人寰

七星岩景区由星湖和七星岩组成。星湖是一群大致东西向分布、达十多公里长的串珠式小湖，各湖堤桥相连，亭阁相望，湖底泉涌。蜿蜒交错的湖堤将整个湖面划分为五个湖：东湖、青莲湖、中心湖、波海湖、里湖。湖堤总长二十余公里，堤上杨柳、凤凰木成行，宛如几条绿色丝绸飘落在碧澄的水面上。

七星如斗承诗廊

　　七星岩景区内，七座挺拔秀丽的石灰岩山峰布列如北斗七星，故名"七星岩"。石室岩是星湖浏览中心，岩下有一特大石室洞，洞口高仅2米余，洞内顶高达30米余，石乳、石柱、石幔遍布其间。乘舟游览洞中的地下河，可观赏璇玑台、黑岩、鹿洞、光岩等景。洞内摩崖石刻林立，多出自名家之手，素有"千年诗廊"之称。其中最有艺术价值的石刻，当属唐初李邕的《端州石室记》。

　　阆风岩三面临水，充满溶洞，南面的无底洞洞口直径约2米，深不可测。玉屏岩林木丛生，有三仙阁，阁外蹬道有两凹穴，犹如神仙的脚印。天柱岩恰如其名，一柱擎天，岩上多红豆。蟾蜍岩高70米，满布石沟和石笋，其中一块巨石状如蟾蜍。仙掌岩岩顶略平，北面有几根竖立的石笋，形如托掌，东望群岩，如天仙七女临湖照影。阿坡岩雄踞一方，气宇轩昂。

回归线上现鼎湖

　　鼎湖山被誉为"岭南名山"，一是因为山上的庆云寺久负盛名，是岭南名刹；更重要的是，鼎湖山以"北回归线上的绿洲"而闻名海内外。

　　从世界范围来看，北回归带上几乎全是沙漠或干旱草原，而纬度相当的鼎湖山景区在季风影响下却是一片生机盎然的亚热带、热带森林，因此，鼎湖山深受各国科学家的关注。鼎湖山在1980年正式加入世界自然保护区网，同时又成为联合国教科文组织"人与生物圈"生态系统定位研究站。

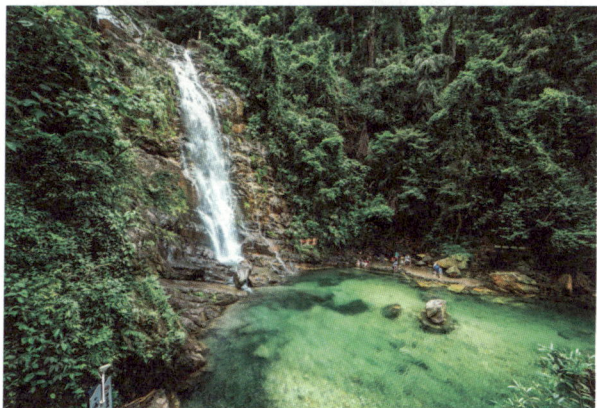

清远市

向秀丽公园（纪念馆）

向秀丽，党的好女儿，为抢救国家财产、保护群众安全而舍身救火，壮烈牺牲。

英勇扑烈火

向秀丽，1933年生，原籍广东省清远县。她生前是广州何济公制药厂工会委员、班长，也是一名共产党员。

1958年12月13日晚，何济公制药厂发生重大火灾。熊熊燃烧的烈火附近，堆放着四箱遇火就会爆炸的金属钠。若金属钠爆炸，不仅工厂将毁于一旦，工厂附近的商铺、居民、学校也会被殃及，后果不堪设想。火焰迅速向金属钠蔓延，眼看一场严重的事故就要发生。在这千钧一发的时刻，向秀丽奋不顾身地向前扑去，以血肉之躯阻挡火势蔓延。一场大爆炸避免了，向秀丽却倒在火海之中。

1959年1月15日，向秀丽因伤势过重牺牲，年仅25岁。向秀丽舍身救火的事迹传开，全国各地掀起了学习向秀丽精神的热潮。

精神照人寰

为纪念向秀丽，林伯渠、董必武、郭沫若、陶铸等国家领导人都为她作诗题词。林伯渠在诗中写道："磊落光明向秀丽，扶危定倾争毫厘；一身正比泰山重，风格如斯世所师。"

1959年，广州市人民政府追认向秀丽为革命烈士。2009年9月10日，向秀丽当选为"100位新中国成立以来感动中国人物"之一。

党的好儿女

为发扬向秀丽无私奉献的精神，清远对原三角公园进行升级改造，并更名为向秀丽公园，在园内建设向秀丽纪念馆、向秀丽纪念像广场等。

向秀丽纪念馆分内展区和外展区两大功能区，以图片文字展板、实物展示和多媒体播放专题片三部分进行布展及完善配套设施。

其中，图片文字展板介绍了向秀丽的生平和先进事迹。实物展示通过展柜等形式，展示向秀丽遗物等仿旧复制品，带领人们追忆这位伟大的救火英雄。另外，《党的好女儿向秀丽》专题片全天候不间断播放，以生动、形象、直观的方式重现向秀丽英勇事迹，带来震撼的爱国主义教育效果。

导航小卡片

地　　址	清远市广清大道与半环北路交界处
服务电话	0763-3609008
开放时间	8:00—11:30，14:30—17:30
票务信息	免费

广东省飞来峡水利枢纽管理处

飞来峡水利枢纽地处清远市清城区飞来峡镇境内，是新中国成立以来广东省建设投资规模最大的综合性水利枢纽工程。

防洪先锋

全长九公里的清远飞来峡，是北江三峡中最雄伟、最险峻的一段。"天开清远峡，地转凝碧湾。"正如苏东坡的诗句所言，峡江两岸云雾缭绕，七十二峰参差对峙，气势雄浑。在清远市东北约40公里的北江河段上，即清远市清城区飞来峡镇境内，有一座巨大的水利枢纽，名为"飞来峡水利枢纽"。

飞来峡水利枢纽由拦河大坝、船闸、发电厂房和变电站组成。拦河大坝高52.3米，主、副坝坝顶总长2952米，坝顶为8米宽公路。枢纽以防洪为主，同时兼有发电、航运和改善生态环境等作用，是北江流域综合治理和开发利用的关键工程。它的控制流域面积34097平方公里，占北江流域总面积的73%，水库总库容19.04亿立方米。

飞来峡水利枢纽与北江大堤、潖江滞洪区、芦苞涌西南涌分洪工程组成北江中下游防洪工程体系，通过利用飞来峡水库蓄洪、潖江滞洪区滞洪、北江大堤挡洪等综合措施，可使广州、佛山等珠三角发达地区的防洪标准由百年一遇提高到三百年一遇。

水力滔滔

北江蕴含了丰富的水力资源,是建设大型水电站的绝佳之处。1992年,国务院批准兴建飞来峡水利枢纽;1993年,飞来峡水利枢纽工程建设总指挥部成立;1994年10月18日,飞来峡水利枢纽工程动工;1998年大江截流;1999年3月30日,水库蓄水,10月,全部发电机组并网发电,工程全部完成。

其中,水电站是北江干支流上最大的水电站,属于低水头径流式电站,厂房为河床式,厂内安装4台单机容量为3.5万千瓦的灯泡贯流式水轮发电机组,总装机容量达14万千瓦。

峡江风光

在飞来峡水利枢纽工程完工后,库区内还设立了风景区。飞来峡水利枢纽风景区是依托飞来峡水利枢纽工程建设发展起来的,集工程景观、人文景观、水利科普知识、旅游休闲、文化娱乐、运动健身为一体。全省最大水利工程试验基地——广东省水利试验基地坐落在景区右岸,它既是一个集水利科技、动态模型、工程试验、防洪功能演示为一体的水利工程试验项目,又是广大游客了解水利知识、领略博大精深的水文化的好课堂。

导航小卡片

地　　址	清远市清城区飞来峡镇
服务电话	0763-3848005、3848348
开放时间	9:00—12:00,14:00—16:30
票务信息	免费参观,团体函件致广东省飞来峡水利枢纽管理处
网　　站	www.flxslsn.com.cn

潮州市

潮州市韩愈纪念馆

潮州韩文公祠是我国现存历史最久远、保存最完好的纪念唐代文学家韩愈的祠宇，始建于北宋咸平二年（999年），南宋淳熙十六年（1189年）复迁于韩山今址，已具800多年历史。现祠内保留有历代碑刻40面，是研究韩愈及潮州历史文化的珍贵史料。

与粤结缘

　　韩愈，字退之，世称昌黎先生，河南河阳人。唐代杰出的文学家、思想家、政治家，被尊为"唐宋八大家"之首，有"文章巨公"和"百代文宗"之名，世皆景仰。

　　韩愈一生中曾经三次来广东。第一次是他十岁时，他的长兄韩会贬官韶州，韩愈就随兄来韶，一住四年；第二次是他官至监察御史时，时年天旱人饥，韩愈为民请命上疏奏请减免税钱及田租，为奸臣李实谗言中伤，被贬为连州阳山令；第三次，则在唐元和十四年（819），因他直言正谏，又触怒了宪宗，被贬为潮州刺史。

　　韩愈来潮州时，已54岁，他在潮州的时间不长，不过8个月，但这短短的时间里，却令潮州发生翻天覆地的变化。

韩愈到任后一心为民，访贫问苦，兴利除弊，切切实实地为地方办了一系列好事。驱鳄除害、释放奴婢、关心农桑、延师兴学四大功绩不仅为历代潮民所铭记和传颂，其官德官风更被后世视为吏治的旗帜。当韩愈贬来潮州时，潮州正处在历史发展的关键时刻。韩愈的到来，恰逢其时，他用文明的火焰烧去蛮荒落后，德化潮州。潮人之尊韩，离不开这个因缘。

为感激韩愈，潮人将韩愈登览过的东山改称"韩山"，将其驱鳄的恶溪改名"韩江"，就连其手植的橡木亦被视为"能逃化机"、能"卜登第之祥"的瑞木，犹如"召公之棠"与"孔明之柏"。至北宋咸平年间，潮州通判陈尧佐甚至还开潮州风气之先地，为韩愈建祠立庙，将其尊为潮州吏治、士风的楷模。渐渐地，在历代潮地官员的推动下，在广大民众的拥戴下，"以韩为师"的精神不断演化，逐渐形成一种文化自觉和精神共识，"崇韩"文化也逐渐成为潮州独特的文化奇观，也使潮州涌现出了不少彪炳青史的清官良吏。

韩愈纪念馆为全国重点文物保护单位，主祠于1984年完成修复后，又相继兴建了多个配套景点，是粤东一处品位优雅且文化底蕴深厚的人文胜迹，也是传播优秀传统文化、弘扬中华民族精神的重要窗口。

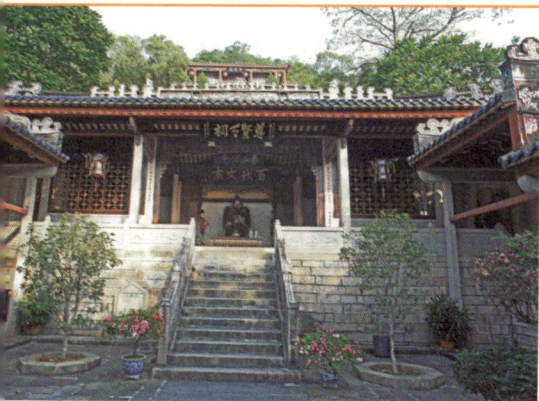

导航小卡片

地　　址	潮州市桥东东兴北路
服务电话	0768-2523581
开放时间	8:30—17:30，周一闭馆
票务信息	免费

涵碧楼革命纪念馆

小楼续前缘

涵碧楼始建于1922年，是潮州西湖公园里一座二层小楼，因背依青山、前临碧湖而得名。原为潮人游湖宴集之所。

1925年2月，国民政府在中国共产党的推动和帮助下，为了统一广东，黄埔军校师生在校长蒋介石、政治部主任周恩来的率领下，组成校军参加第一次东征，在粤军的配合下，3月7日攻占潮州城，将黄埔军校学生军办事处设于西湖涵碧楼。

潮州七日红

1927年"八一"南昌起义军部队由闽入粤，叶挺、贺龙大军直驱潮州，9月23日进入潮州城，贺龙所隶第三师司令部设于涵碧楼，师长周逸群等在此指挥战斗，9月30日起义军作战略转移，前后共7天，史称"潮州七日红"。起义军在潮期间，建立红色政权，惩办反革命分子，播下了革命种子。

诗潮逐浪高

涵碧楼于抗日战争时期被日军所毁，1963年贺龙元帅视察潮州时，提议将涵碧楼开辟为潮安县革命历史陈列馆，1964年人民政府拨款重建。

涵碧楼重建开放，不少南昌起义军将士重游战斗故地，思潮起伏，情绪高昂，留下了许多真迹墨宝。重访涵碧楼的起义军将士有当年任南昌起义军贺龙部特务连副连长唐天际，有叶挺部二十四师连长萧克，也有起义军革命委员会警卫队班长粟裕、政工员孔原，他们重莅涵碧楼都情不自禁地题诗题字，以寄怀念之情。

南昌起义时任起义军总政治部主任的郭沫若再临涵碧楼时，挥笔题下"涵碧楼"三字。郭沫若还为涵碧楼写下一首七律：

弹指光阴卅八年，潮安每在梦中旋。
楼台倒映含虚碧，旗帜高扬似火燃。
一夕汤坑书附羽，千秋英烈血喷烟。
今来重到金山碧，日月更新别有天。

导航小卡片	
地　　址	潮州市西湖公园内
服务电话	0768-2229332
开放时间	9:00—17:00，周一闭馆
票务信息	免费

茂芝会议旧址

茂芝会议是从挫折走向胜利的一个新的起点，保存了南昌起义的革命火种，选择了革命正确的方向。

南下广东

1927年8月1日，南昌起义爆发，起义部队占领南昌城，打响了中国共产党武装反抗国民党统治的第一枪，揭开了中国共产党独立领导武装斗争和创建革命军队的序幕。南昌起义后，面对敌人的反扑，起义部队按照中共中央和共产国际代表的决定，于8月3日至7日分批撤出南昌，南下广东建立革命根据地。朱德率起义军第九军教导团和第二十五师3000多人经历三河坝狙击战后，于10月4日凌晨成功突围，经大埔的湖寮、百侯，于10月5日一早到达饶平。

穿山西进　直奔湘南

正当革命军队面临着严重挫折的时刻，10月7日上午，朱德在茂芝全德学校主持召开团以上干部军事决策会议。会议作出继续高举南昌起义的旗帜，保留一支成建制部队，"穿山西进，直奔湘南"的重大军事决策。此后，这支南昌起义部队在朱德的领导下千里转战，胜利到达井冈山。茂芝军事决策会议在危急关头挽救了这支南昌起义部队，是决定我党我军前途命运的一次重要会议。这次会议的召开，在党的历史上和军事史上都产生了重要而深刻的影响，为革命保留了星星火种，也在茂芝这片土地上，留下了深深的红色印记。

旧址演变

茂芝会议旧址原为龙冈书室，是上饶茂芝詹姓的书斋。该书室建于清康熙年间，民国初改名全德学校，取意道德上完美无缺。旧址坐北向东南，建筑占地面积110平方米。旧址旁有展馆，建筑面积520平方米，以茂芝会议的史实为主线，布置有南昌起义至茂芝会议至井冈山会师的资料介绍及当年遗留下来的作战工具。

茂芝会议旧址的展列包括茂芝会议的由来、内容、意义等相关文字、图片与实物资料，包括南昌起义军的衣物、武器、票据、钱币、宣传手册、图书等约40件实物展品。

导航小卡片

地　　址	饶平县上饶镇茂芝社区集市中心
服务电话	13502614606
开放时间	8:30—11:30，13:30—17:30（周一闭馆）
票务信息	免费

揭阳市

周恩来同志革命活动旧址

1978年，揭阳学宫由广东省人民政府核定公布为广东省第一批文物保护单位，并命名为"周恩来同志革命活动旧址"，是省内唯一以周恩来同志革命活动旧址命名的重点文物保护单位。

古色古香

　　周恩来同志革命活动旧址（揭阳学宫）始建于南宋绍兴十年（1140），南宋淳祐六年（1246）至1936年历经多次重修和扩建，现为清光绪二年（1876）的建筑格局。

　　该建筑群坐北朝南，占地面积约21000平方米，由21座单体建筑构成，是岭南地区同类建筑中规模最大、保存最为完整的历史建筑组群。揭阳学宫采用三路五进、左右对称的建筑布局，具有鲜明的潮汕古建筑特色。

三驻学宫

1925年3月和11月，时任黄埔军校政治部主任、东征军总政治部主任的周恩来两次到揭阳，在揭阳学宫崇圣祠住宿、办公并在此主持过有重大影响的政治部会议，通过《军队经过地方政治工作案》《组织行营医院案》两项决议。

1927年"八一"南昌起义后，周恩来率南昌起义军叶挺、贺龙部队5000多人第三次来到揭阳，再次进驻崇圣祠。在周恩来的指导和主持下，当地第一个红色政权"揭阳县工农革命委员会"在学宫大成殿成立。

周恩来三入揭阳，为揭阳乃至潮汕地区革命活动播种燎原之火，为巩固和统一广东革命根据地奠定了坚实基础。

周恩来同志革命活动展览馆布展于揭阳学宫崇圣祠，中厅是浮雕场景、文物场景以及图文描述。其中包括周恩来人物浮雕、大南山石刻标语以及战时所用部分物品；模拟场景有揭阳人民欢迎东征军入城和周恩来在流沙主持召开军事决策会议的油画；文物有战时电话机、军用水壶，南昌起义军军装、皮箱、武器。东厢房恢复了周恩来入揭阳时在崇圣祠办公、住宿的原貌场景。西厢房则作为播放周恩来题材影片的放映厅。

导航小卡片	
地　　址	揭阳市榕城区韩祠路口东侧
服务电话	0663-8652523
开放时间	9:00—11:30，14:30—17:00，周一、周五闭馆
票务信息	免费

大北山革命历史纪念馆

地处大北山区的揭西是革命老区，具有光荣的革命传统。大北山革命历史纪念馆位于解放战争时期中国人民解放军闽粤赣边纵队二支队司令部旧址。

红色窗口

大北山属于莲花山脉的中段，位于韩江上游的梅江、琴江之南，处在揭阳、丰顺、兴宁、五华、陆丰的边界，纵横60公里，西北方向与梅县的九龙嶂、铜鼓嶂相连，地理位置相当重要。

为了继承和发扬老一辈革命者的光荣传统，引导广大干部群众特别是青少年一代不忘历史，饮水思源，为建设祖国而努力奋斗，在揭西县委、县政府的重视下，经广泛征集资料，于2008年建立了大北山革命历史纪念馆。大北山革命历史纪念馆展出了新民主主义革命时期粤东人民开展革命斗争的史料。纪念馆已成为揭阳市一处重要爱国主义教育平台，成为宣传揭西的红色窗口。

以少胜多

1925年，国民革命军两度东征，在揭西境内进行了著名的棉湖战役和河婆战役。其中，发生在揭西的棉湖战役是第一次东征中最激烈的一次战斗，也是战争史上以少胜多的典型战例，是国民革命军一次决定性的战役，扭转了整个战局。时任黄埔军校校长蒋介石、党代表兼任中央农民部长廖仲恺、政治部主任周恩来、苏联顾问加仑、总教官何应钦等人，第一次东征时驻扎在揭西棉湖兴道书院，第二次东征时驻扎在揭西河婆大光学校。第二次东征时周恩来身患胃病、眼疾，住在河婆中华医院二楼，彭克猷院长亲自为他做了手术。

重要据点

20世纪30年代，中共五华县委书记古大存在中共东江特委领导下到大北山开辟革命根据地，创立中国工农红军第十一军和建立农会，组织赤卫队，建立了苏维埃政权。

抗日战争时期，中共潮汕地下组织在此地建立广泛的秘密活动据点，此地是广东人民抗日游击队韩江纵队活动基地。

解放战争时期，潮汕地委把大北山作为潮汕军事斗争的中心战略据点，以大南山、凤凰山为战略支点，以南阳山、五房山为转动点，建立梅花形革命根据地，潮汕人民抗征队司令部等党政军机关都设在揭西地域，领导人民开展革命斗争。

导航小卡片

地 址	揭阳市揭西县南山镇大北山国家森林公园知青楼右侧
服务电话	0663-5584396
开放时间	8:00—17:00

汾水战役烈士陵园

汾水战役遗址位于"八一"南昌起义军和国民党军激战三昼夜的汾水战役战场，是"八一"南昌起义战斗遗址之一。汾水战役在中国革命史上有着重要的历史地位。

围追堵截奈我何

1927年南昌起义后，起义军为了和广东东江地区彭湃领导的农民起义军会合，迅速撤离南昌，经过赣南、闽西，直奔广东潮汕地区。9月，起义军打下大埔三河坝，留下朱德指挥第二十五师扼守。9月23日，起义军占领潮州。9月24日，起义军先头部队进驻汕头。广东军阀驱动大军从四面八方涌来对起义军发动进攻。

三天血战突重围

这时，钱大钧率领2万人牵制朱德带领的三河坝部队；黄绍竑部两个师，在梅县渡过畲江，进逼韩江；以陈济棠为总指挥的三个师在丰顺、揭阳一带集合，企图拦腰切断起义军。

9月28日下午，起义军在玉湖镇浮山村红路头与国民党军遭遇。起义军攻克了蜘蛛结网、谭岭山、竹竿山三个山头，把国民党军逼向丰顺方向。29日中午，

起义军在汾水村竹竿山以北、老鼠山以南与国民党军展开拉锯式战斗，先把敌人逼入汾水村巷战，又把敌人逼上瞭望崀山。起义军用包抄战术从瞭望崀山后直击守敌，敌人仓皇退至四岭排山据守。30日夜晚，起义军对四岭排之敌发动猛烈攻击后，快速撤离战场，向普宁进发。

经过三天三夜的战斗，起义军歼敌3000多人，起义军也伤亡2000多人。这就是军史上有名的"汾水战役"。

山高水长铸丰碑

汾水战役烈士陵园的建设凝聚着几代中央军委领导人的心血。粟裕大将（1979年专程来揭阳）、萧克将军（当年任起义军连长）等军委领导人到汾水战役中心战场巡视时，都作出建设汾水战役纪念碑的指示。

1979年12月，中央军委副主席粟裕到揭阳，指示建立汾水战役纪念碑，同时还题下"南昌起义军山湖战役烈士纪念碑"碑文。

汾水战役烈士陵园于1998年11月动工兴建，位于"八一"南昌起义军与国民党军激战三昼夜的汾水战役战场——玉湖镇汾水村与玉联村交界的竹竿山上，已建成烈士纪念碑及纪念碑广场、烈士陵园主墓区及墓园广场、英烈门、纪念亭、纪念馆，并修筑3公里环山公路及完善绿化工程等相关设施。在这里，人们回望岁月，铭记历史，缅怀先烈。

导航小卡片

地　　址	揭阳市揭东区玉湖镇玉联村竹竿山
服务电话	0663-3416808
开放时间	8:30—11:30，14:30—17:30

云浮市

邓发故居

> 邓发是中国共产党早期重要领导人，杰出的无产阶级革命家、中国工人运动的著名领袖。

工运中坚

　　邓发的一生，短暂而光辉。邓发书名元钊，乳名八仔，1906年3月出生于云浮市云城区云城街道城西村委黉石塘村。15岁时随五哥邓芳外出广州、香港等地谋生。1922年报名参加香港海员工会时改名为邓发。

　　邓发1922年1月参加香港海员大罢工，1925年6月参加省港大罢工，并当选为工人代表。此后，他经苏兆征介绍加入中国共产党。1926年7月，任国民党广东省党部北伐青年工作队队长，协助陈延年、邓中夏、苏兆征等组织宣传队、运输队和救护队，且随北伐军出征中原。广州起义失败后转赴香港搞地下工作。1929年初任中共广州市委书记，不久改任香港市委书记。经过长期革命斗争锻炼，邓发已成为中国工人运动领袖之一。

委以重任

1929年11月，邓发担任中共广东省委常委、组织部部长，继续兼任香港市委书记。1930年夏，邓发夫妇到福建。下半年邓发担任闽粤赣边省委书记及军委主席。1931年夏，25岁的邓发担任国家保卫局局长，被选为中共苏区中央局委员。1934年1月，当选为中央政治局候补委员。1934年10月参加了二万五千里长征。长征结束后，邓发在陕北任中央政府西北办事处粮食部部长。1936年6月，去苏联向共产国际汇报工作。1937年9月从苏联回来，担任中共驻新疆代表。同年12月被确定为中共中央政治局委员。1939年夏返回延安，任中共中央党校校长。1945年4月在延安成立解放区职工联合会筹备委员会，邓发被推选为筹委会主任。

茶山遇难

1945年9月，他作为中国劳动协会代表团成员，代表解放区80万职工，出席在巴黎召开的世界职工代表大会。会上，邓发当选为世界职工联合会理事和执行委员会候补委员。1946年4月8日，邓发、王若飞、秦邦宪、叶挺等在重庆乘飞机返延安途中，因飞机失事，在山西省西北兴县黑茶山不幸遇难。邓发时年40岁，是"四八烈士"之一。

导航小卡片

地　　址	云浮市云城区文旅体局
服务电话	0766-8868260
开放时间	周一闭馆
票务信息	免费

云安区革命纪念公园

> 云安区革命纪念公园坐落在富林镇高一村，是省、市、区三级爱国主义教育基地和云浮市中共党史教育基地。

星夜奇袭拉序幕

1947年10月，粤中军事负责人吴桐奉命组成以朱开为队长的24人挺进队，开赴云浮南部的富林地区，创建以云雾山区为中心的游击根据地。1948年1月7日晚上，吴桐指挥粤中挺进队，并在中共云浮县工委和富林人民的配合下，成功袭击了驻守关帝庙的国民党保警一中队和双富乡警察所敌军。战斗不到10分钟就取得了胜利，共俘国民党官兵60余名，缴获机枪两挺，长短枪36支，子弹数千发，由此打响了"三罗"（即今云城、云安、郁南、罗定、阳春）人民解放斗争的第一枪。

富林战斗成为打开"三罗"局面决定性的一仗，成为"三罗"地区游击队夜袭战的范例，成立了云浮人民自卫队，拉开了中国共产党领导"三罗"地区人民解放战争的序幕，是"三罗"人民武装从无到有建立起来的第一阶段。

云雾山头野火红

1949年1月24日，由粤中军分委冯燊主席、吴有恒副主席率领粤中主力部队挺进到富林与"三罗"部队会师，在此地召开大会，由冯燊宣布成立粤中部队独一团，由吴有恒向部队授予军旗。随后宣布将"三罗"支队改编为中国人民解放军粤中第四支队，从富林出发，举行有名的"三罗"大进军。

1949年4月20日，经中共粤中分委批准，第一届云浮县人民政府在富林莲塘村宣布成立，麦长龙当选为首任县长。1949年10月27日，云城解放。云浮县人民政府机关从富林进驻云城办公，"三罗"地区人民解放战争取得成功。

勒石树碑颂功勋

为纪念"'三罗'解放武装斗争第一枪"，云安区兴建革命纪念公园。公园由纪念亭、纪念碑、碑林、烈士墓四部分构成。走进纪念公园，正面中间便是纪念亭，檐下匾额上苍劲有力的"富林战斗纪念亭"七个大字跃然眼前。亭后及两侧分别竖立着15座花岗岩碑，碑文刻着粤中纵队领导人墨迹，亭后山冈耸立着庄严的革命烈士纪念碑，还为88位云安区籍和15位云安区外的革命烈士集中立碑，以慰英灵，颂其精神，留人们瞻仰，缅怀革命前辈为人民解放事业艰苦奋斗的革命精神。此外，在公园周边还有"三罗"解放武装斗争第一枪旧址、云浮县人民政府成立旧址、粤中独一团成立旧址、中共云罗阳边区工委旧址和明朝抗倭名将陈璘太保庙、军营地、练兵场、校场坪、止戈岩等实物和有关史迹资料。

导航小卡片	
地　　址	云浮市云安区富林镇高一村
服务电话	0766-6328333
开放时间	全天
票务信息	免费

省直

广东省档案馆

广东省档案馆是省政府直属的省级综合性国家档案馆，定期举办主题档案展览，提供查阅档案文件服务。

盈室珍藏

　　世事如云烟，再辉煌的现实，瞬间都会成为历史，成为远去的背影，成为档案馆里永久保存的记忆。1958年11月15日，广东省档案馆成立。目前，共有纸质档案375个全宗，108万余卷（件），另有馆藏照片42524幅，录音录像带10045盘，缩微胶片3141盘，电影胶片104盘，实物档案4302件。

　　馆藏档案根据内容和形成时间，可分为明清时期的档案、民国时期广东省旧政权档案、广东革命历史档案和中华人民共和国成立后广东省级机关、社会团体、企事业单位形成的文书、科技、专门、照片、磁性载体以及实物档案。

　　档案馆内，可供开展爱国主义教育活动的场所约1万平方米，其中包括档案展厅、学术报告厅、多媒体视听室等。档案馆进一步加强基地的建设，不断完善配套设施，利用档案资源优势，深度挖掘档案史料中的红色基因素材，采取展览、档案汇编、举办讲座等多种形式开展爱国主义教育，赢得社会各界的广泛好评。

不忘初心

　　纪念馆紧贴党委、政府中心工作，结合重大纪念活动和社会热点，举办主题档案展览。2015年结合抗战胜利70周年，举办《不能忘却的记忆——广东抗战档案史料展》；2017年，为迎接党的十九大召开，举办《信仰的力量——共产党人的家国情怀档案展》；2019年，举办"不忘初心　牢记使命"主题教育档案文献展，展览自开幕以来，日均参观人数近千人。

导航小卡片	
地　　址	广州市天河区天河北龙口中路128号
服务电话	020-38749019
开放时间	周一至周五8:30—12:00，14:00—17:00
票务信息	免费
网　　站	www.da.gd.gov.cn
微信公众号	广东档案

南海海巡执法总队 "海巡31" 船

南海海巡执法总队采用海洋、航海、海事等专业元素，倾力打造"海盾"文化展览馆，用室内参观加室外体验的形式，引导广大民众热别是青少年走进海事、认识海洋、维护海权。

开创中国海事新纪元

2005年2月，中国海事系统吨位最大、现代化程度最高，配备光电跟踪取证系统、以太网络信息系统的"海巡31"船下水列编，这是第一艘拥有直升机起降平台、直升机库和飞行指挥塔等全套船载系统的海巡船。2010年，两架新型海事直升机列编海巡总队，为中国海事海区有效监管和快速反应开创了新纪元。

"海巡31"船列编以来，搭载着海事直升机，以立体监管为手段，到达了很多过去无法巡航的区域，创造了中国海事监管多个"第一次"：首创广东海区监管模式、立体巡航监管模式、南海巡航监管模式等；开启了海事空巡、沿海空中巡航救助联动机制；首访新加坡、美国夏威夷，海事直升机首访东盟四国等。

2007年4月，查处在珠江口以外的两艘外籍船舶的非法过驳原油行为，开创了我国对专属经济区和毗连区进行海事监管的先河。

2010年5月，首次执行我国对南海海域的大规模海事巡航监管，并阻止了外籍船非法排放油污。

2011年，在南海争端紧张之时，首次对南沙群岛海域开展海空立体巡航。

2014年5月至7月，我国西沙海域"海洋石油981"平台作业受到某国严重干扰，它守在最前方……

海上长城

每年重大节假日期间，以及雾季、寒潮大风、台风等恶劣天气之时，海巡总队人都坚守在第一线。"哪里有需要，就出现在哪里；哪里最危险，就守护在哪里。""海巡31"船每年在海上执行巡航执法任务多达180多天。十几年来，不论是珠江口应急，还是出海抢险，不论是在台湾海峡实施救助，还是在东沙群岛开展国际救援，海巡总队人始终以生命财产安全为己任，出色地完成了众多急、难、险、重的任务，构筑了一道坚固的"海上长城"。

海盾扬帆

来自于干部职工的"海盾"文化，在文化"显形"后又反过来感染、激励着干部职工，成为一代代海巡总队人的精神食粮和前进动力。海巡总队还加强了"职工之家"建设，以增强职工归属感、自豪感；开展中国航海日、海上升国旗仪式等活动，营造"热爱海洋、维护海权"的氛围；开展向时代先锋杨庆文、道德模范刘天军学习的活动，每季度评选五名海事先锋之星和五件精品工作，引导大家创先争优、敢为人先；搭建船长研创室，使之成为海事青年研究和创新的平台。

据统计，"海巡31"船列编以来，10多万人次走进"海巡31"船及总队参观交流，2018年年初"海盾"文化馆落成后，一年半时间已接待100批次、4000人次前来参观学习。众多来参观的政府、企事业单位人员，学校师生等，每到参观结束时，总有些意犹未尽。

昨天的"海盾"筑起"海上长城"，维护海洋权益；明天的"海盾"亦将扬帆海事文化，远航南海汪洋。

导航小卡片

地　　址	广州市南沙区进港大道虎门渡口公交总站对面海事工作船码头
服 务 电 话	020-39035286
开 放 时 间	团体预约参观
票 务 信 息	免费
微信公众号	海盾文化

广东华侨博物馆

位于广州的广东华侨博物馆，是目前国内唯一的省级华侨博物馆。它弘扬侨胞爱国民族精神，促进文化交流，成为维系华侨华人与家乡的纽带和桥梁！

内外一心

广东华侨博物馆是隶属于广东省委统战部（省侨办）的公益一类事业单位，是全国唯一的省级华侨博物馆。1986年筹建，1995年4月奠基，2009年11月开馆。广东华侨博物馆建筑造型独特，方圆结合，体现四海一家的华侨精神。总建筑面积6000平方米，其中陈列展览面积4200平方米，接待参观者100多万人次。

基本陈列为"广东华侨历史陈列"，设在展馆二楼和三楼，由移民海外、艰苦创业、文化传承、浩气长存、情系乡梓、华侨事务六个部分组成，全面展示粤籍华侨迁移史、发展史、贡献史，另设"广东华侨民居""广东华侨博物馆建设回顾"展。

开馆十年来，广东华侨博物馆举办临时展览100多个，其中原创华侨历史展览"辛亥百年 华侨丰碑""海外华人家园——唐人街展""碧血侨光——华侨与中国人民抗日战争暨世界反法西斯战争图片展""金色道钉——美国铁路华工展""海外侨胞港澳同胞与广东改革开放40年专题展""粤侨情 中国梦——广东华侨华人与新中国70年专题展"等深受大众喜爱。充分发挥馆藏70余件海陆空军备模型作用，近年来推出"祖国之光——海陆空军备模型展"，在广东科学中心、广州大学附属中学、广州市铁一中学、珠海市博物馆、中山市博物馆、江门市博物馆、四会市博物馆巡回展出，接待各界人士参观近百万人次，尤其广受青少年学生喜爱，在各地掀起热爱祖国、拥军爱民的爱国主义热潮。

赤子之心

广东华侨博物馆现有文物、实物、资料藏品27000余件（套），其中，基本陈列展出的藏品2000多件（套）。比较珍贵的文物藏品有：1924年—2006年全套《金山时报》、1853年古巴华工契约、19世纪的南洋"猪仔钱"、加拿大蒙特利尔李氏公所百年狮鼓、加拿大人头税单、1909年的《中西时报》、1930年代的荷属印尼华人布质护照、马来亚土生华人妇女银首饰等。

2015年被广东省文明办、省委宣传部评为"广东省爱国主义教育基地先进单位"，2017年被省直机关关心下一代工作委员会评为"省直机关关心下一代最佳活动基地"，是暨南大学"大学生社会实践基地"、广东省学前教育协会"华侨文化教学基地"，与越秀区教育局侨联共建"华侨爱国主义教育基地"、与广州大学旅游学院广州大学侨联共建"爱国主义教育实践基地"、与广东华侨中学共建"华侨爱国主义教育基地"。

导航小卡片

地　　址	广州市越秀区二沙岛烟雨路32号
服务电话	020-87353430，37353471
开放时间	9:30—17:00，周一闭馆
票务信息	免费
网　　站	www.gdhqbwg.com
微信公众号	广东华侨博物馆

广东省方志馆

广东省方志馆，着重突出"地情""文化"两大主题，通过开展广东省情展示与教育、地方文献收藏与服务、省情信息收集与发布等工作，打造具有广东地域特色的公共文化服务设施，是开展爱国主义教育的重要阵地。

峥嵘岁月写斑斓

广东省方志馆，又名广东方志馆，地处广州市中心天河北，毗邻省档案馆及广州多所高校，是广东省有史以来的首个省级方志馆。

方志馆1至4楼为方志馆的展陈空间，设有广东省情馆和专题展览厅。整个展览以"广东省情"为主题，分广东大观、岭南文化中心地、海洋文明重要发祥地、民主革命策源地、改革开放先行地、专题展览6大部分，采用传统与现代科技手段相结合的方法，运用沙盘、场景、实物、图文、多媒体等手段，生动展示广东在中华文明史，中国革命史，社会主义革命、建设和改革开放道路上的突出贡献、杰出人物和重要地位，让观众在较短的时间内真切感受和了解广东的历史和现状，激发观众爱国、爱乡的热情。

广阔地天书方志

地方志是传统文化的瑰宝。方志馆5至7楼设置书库、广东文献阅览室、族谱阅览室，收藏可供查阅的志书、年鉴等广东地方文献8万多册，族谱家谱1.3万多册。包括全国各地的新、旧志书，各地各类年鉴，《历代广东方志集成》《广州大典》《清代稿钞本》《稀见地方志丛刊》等大型文献丛书，广东地情图书、各类工具书、报纸杂志及全国各地姓氏家谱、朝鲜家谱、港台地区家谱和《中华姓氏始迁族世系大典》《珍稀家谱丛刊》等。

丰富的广东地方文献资料成为社会大众了解广东省情、查阅地情资料的信息源。

数字方志与时进

当前，网上读志用志已经成为一种趋势。

广东省方志馆推出的数字方志馆和广东省情网，主要包括地方志数字资源、统一检索服务、网上展厅以及个性化省情服务等内容，为读者提供了读志、用志、知省情的网上窗口。

广东省方志馆正以开放的姿态，向社会广泛宣传广东璀璨文化，展现新时代广东发展成就。

导航小卡片	
地　　址	广州市天河区天河北路618号A座
服务电话	020-87598606
开放时间	9:00—17:00，周一闭馆
票务信息	免费

广州蓄能水电厂

广州蓄能水电厂是我国自行设计、建设的第一座高水头、大容量、现代化的抽水蓄能电站，也是20世纪90年代世界上最大的抽水蓄能工程。

蓄能入地藏珍宝

广州蓄能水电站（简称广蓄电站）总装机容量240万千瓦，在电力系统中承担着调峰填谷、调频调相、事故备用、黑启动等功能。

20世纪90年代，为配合大亚湾核电站的安全、稳定、经济运行和广东电网调峰、调频的需要，经国家批准与核电站同步建设广蓄电站。电站分两期建设。一期工程用49个月实现了第一台机组投产，比计划工期提前11个月；用58个月实现了4台机组全部投产，比计划工期提前14个月。建设速度优于同时期国外同等规模电站，达到了与大亚湾核电同步建设的要求。

广蓄电站的建成投产，标志着我国设计施工水平一次大的跨越；它在建设和运营管理的成功实践，对国内水电厂，特别是抽水蓄能电站的建设和发展具有开拓性意义。

高新建设冠全球

广蓄电站在建设管理中探索出了业主责任制、建设监理制和招标承包制的水电建设管理新模式，在新技术运用上采用了钢筋砼代替钢板进行高水头大直径高压叉管衬砌，实践出了斜井衬砌滑模施工技术，按照"无人值班，少人值守"的标准设计并引进了监控系统，在运行管理上率先引入了COC（Chief of Consignment）概念，实行ON-CALL管理，推行厂房无人值班管理和巡检条码系统，采用机械钥匙闭锁系统等。这些经验和技术，目前已在国内水电站的建设和运营管理中得到广泛推广和使用。

山清水秀造仙境

自广蓄电站投运以来，一直保障着广东、香港电力安全稳定供应，对广东的经济发展起着重要的作用。近年来，随着新兴能源逐步开发和利用，广蓄电站有效促进了低碳清洁能源消纳，为生态文明建设发挥着重要作用。与此同时，电站还保护和改善了厂区及周边的生态环境，带动了当地经济发展，推动了社会主义新农村建设。广蓄电站就像大山深处的璀璨明珠，点缀着绿色的广州。

省港罢工委员会旧址

震惊中外的省港大罢工，其坚持时间之长、规模之大、组织之严密，在中国工运史上是空前的，在世界工运史上也属罕见。

省港大罢工

1925年5月，五卅惨案震惊全国，反帝浪潮席卷南粤。在中国共产党的领导下，中华全国总工会迅速组织工人抗议暴行，6月19日，波澜壮阔的省港大罢工爆发。苏兆征、邓中夏等人领导香港工人率先罢工，组织10多万罢工工人回到广州，投入到抗争的潮流中。6月23日，广州各界群众及香港罢工工人约10万人举行反帝示威大游行，周恩来也亲率黄埔军校生加入游行队伍。当游行队伍行经沙基西桥口时，遭到沙面英法军警开枪射击，当场打死52人，重伤170多人。沙基惨案激发了更大的反帝爱国洪流，至6月底，罢工工人达25万人。为了把反帝爱国斗争引向深入，中华全国总工会决定在东园创设最高战斗指挥机关"省港罢工委员会"，在这一严密组织机构领导下，罢工斗争坚持了16个月之久，沉重打击了英帝国主义势力。省港大罢工写下了一曲工人阶级斗争之歌，彰显了工人阶级团结御敌的爱国情怀和民族大义，提高了中国人民反帝的信心和决心。

推动革命高潮

省港工人踊跃参加到东征、南讨与北伐战争中，为统一广东革命根据地，把革命推向全国作出了重要贡献。据史料记载，1925年10月，国民革命军出发东征，讨伐陈炯明，三千名罢工工人组成运输队、宣传队、卫生队随军出发。之后，罢工工人又支持南讨邓本殷，实现广东革命根据地的统一。1926年春，在中国共产党推动下，北伐战争提上日程。7月，国民革命军在广州誓师北伐，数千名罢工工人又积极组织运输队、宣传队、卫生队，并参与带路、送信、侦察、扫雷、扰敌后方、协助管理占领区秩序等工作。在邓中夏、苏兆征、林伟民等工运领袖的带领下，省港工人义无反顾地走上了中国共产党领导的革命道路，在革命的洪流里淬炼、成长，涌现出了邓发、罗登贤、梁广、黄甦等人，他们后来成长为中央委员、军事将领、工运领导人，成为了真正的革命家。

红色革命遗址

在省港罢工委员会旧址设立的省港大罢工纪念馆占地面积4777平方米，建筑面积1550平方米，陈列面积约820平方米，展线长度约165米。从2020年开始，省港大罢工纪念馆对展览陈列、古建修缮、园林绿化做了统一规划，推进改造提升，努力挖掘好、保护好省港罢工委员会旧址这一重要红色革命遗址。2021年6月，省港大罢工纪念馆顺利完成体现时代要求的红色主题陈列展览——省港大罢工史迹展，该展从"工人运动开启新篇""省港罢工震惊中外""省港工运历史丰碑"三个部分系统介绍从1925年6月至1926年10月，省港两地工人在中国共产党的领导下，同仇敌忾，顽强战斗，在政治上和经济上沉重地打击英帝国主义的历史。

导航小卡片	
地　　址	广州市越秀区东园横路3号
服务电话	020-86153313
开放时间	9:00—17:30，周一闭馆（法定节假日除外）
票务信息	免费
微信公众号	省港大罢工纪念馆

中山大学
生物博物馆

中山大学生物博物馆是为社会及其发展服务、向公众开放的非营利永久机构，通过收集、保存、研究、传播和展示人类及其环境的有形和无形遗产，以实现教育、研究、共享之目的。

赤子情怀

中山大学生物博物馆位于中山大学广州南校园内，以香港同胞捐赠的马文辉堂为馆址。马文辉早年就读于岭南大学附中，爱国爱乡数十年如一日。改革开放后，他重游康乐园，睹物思人，亲情愈切，乃扩建其先父母所捐马应彪堂及护养院，又念中大所藏生物标本声誉于世，故捐建马文辉堂，保藏、展列珍品。令人惋惜的是，建筑还未建成，先生逝世。马文辉的夫人卢雪儿和儿子马健源秉承其遗愿，马文辉堂最终建成，成为生物标本集中管理和保存的场所。马文辉先生热爱祖国、刚直不阿、一身正气，师友怀念，因此铸造马文辉像，放置在堂中，供后辈莘莘学子瞻仰缅怀。

馆藏标本

中山大学生物博物馆由动物、昆虫、植物和化石标本馆组成，其中植物标本馆始于1916年的CCC（Canton Christian College）标本馆，有面积约0.8公顷的活体竹种标本园；动物标本馆建于20世纪20年代；昆虫标本馆的前身是在亚洲享有盛誉的岭南大学自然博物采集所昆虫标本馆。馆内最早标本采集于1808年，现有具有鲜明华南地区动植物区系特点的馆藏约120万号；历史传承悠久，馆藏门类齐

全，是国内外生物多样性调查研究和高等院校生物学教学的重要平台。这些标本，不仅承载生物的个体和历史自然信息，还留存了许多科学家珍贵研究手迹和敢为人先、刻苦奋斗的精神印记，如陈焕镛、秦仁昌、胡先骕、蒋英、张肇骞、方文培、侯宽昭、张宏达、吴印禅、任国荣、石声汉、蒲蛰龙等。

1927年，随着辛树帜的到来，中山大学生物学系大规模采集标本的时代开始，也开启了中国早期大规模采集标本之先河。通过生物系考察队的调查，中山大学建立起比较完整的动物标本室和植物标本室，后来这些标本保存在生物博物馆；同时培养了吴印禅、任国荣、石声汉等一批从事动植物研究的专业人才，他们为我国生物科学事业发展做了许多奠基性工作。

展览丰富

目前，博物馆室内展厅面积1200平方米，设化石与生命演化展厅、综合展厅、脊椎动物生态展厅、脊椎动物标本陈列室（包括鸟类和哺乳动物标本陈列室和水生动物标本陈列室）等5个展厅（室）及20米长的生命科学长廊（专题展览区），以姿态标本、模拟景观以及图片展示绚丽多彩的生物世界。布展由多年从事生物学科学研究和教学工作的相关专家学者策划并指导完成，保证展览的科学性、知识性和趣味性。志愿讲解员主要由中山大学在读学生担任，为观众提供讲解服务。展厅内还提供丰富多样的宣传册、与展览密切相关的互动题卡和大量自有文创科普品。室外竹种标本园建有栈道和观景台，供近距离赏竹、观鸟。

导航小卡片	
地　　址	广州市海珠区新港西路135号中山大学南校园475栋马文辉堂
服务电话	020-84114063
开放时间	双休日及法定公休假日：9:00-17:00，接待个人和团体 工作日：按沟通约定时间，只接待团体，不接待个人
票务信息	免费
网　　站	http://biomuseum.sysu.edu.cn/
展厅VR链接	https://683ukyfsn.720think.com/t/683ukyfsn?def_sid=747051

暨南大学
世界华侨华人文献馆

暨南大学世界华侨华人文献馆致力于华侨华人文献的综合性收集、整理与研究，是海内外同类文献收藏最为集中的机构之一。

"五华"文献

　　暨南大学世界华侨华人文献馆（简称世华馆）位于暨南大学图书馆六楼，建筑面积约1800平方米，设有"五华"（华侨华人、华文文学、华文教育、华文传媒与华商经济）文献专区，另有涉侨族谱体验区、侨刊乡讯专架、侨报专架、暨南大学涉侨研究成果展区、华侨华人民间文献展区、华侨华人历史文化展览馆、华侨华人书画艺术室、学生多功能互动培训室与数字人文工作室。

　　世华馆目前收藏"五华"文献近5万册（件），其中华侨华人民间文献、侨刊乡讯、涉侨族谱收藏尤具特色。建成"海外侨情数据库""侨务信息数据库""学术资源数据库"等数字资源保障体系，积累数据达30余万条。世华馆编辑出版《侨情简报》月刊、《侨情综览》年度工具书，受国侨办委托参与《侨务工作研究》相关栏目的编辑工作。世华馆充分发挥暨南大学"侨"字特色，多维度开展华侨历史文化宣传推广工作，致力打造侨生侨情教育阵地，引导学生增强文化自信、厚植爱国主义情怀。

"活化" 文献

　　世华馆致力于华侨华人文献的综合性收集、整理与研究，是海内外同类文献收藏最为集中的机构之一。2016年，世华馆正式揭牌成立。2018年10月24日，习近平总书记视察暨南大学时，在世华馆发表重要讲话，殷切嘱托暨南大学把中华优秀传统文化传播到五洲四海。

　　为深入贯彻落实习近平总书记重要讲话精神，世华馆在学校支持下创设华侨华人历史文化展览馆，力图"活化"华侨华人历史文献，讲述好华侨华人与中国、华侨华人与世界的故事。

　　华侨华人历史文化展览馆依托馆藏文献与实物，常设"侨连四海　华章远扬"华侨华人历史文化展。展览馆结合现代化多媒体手段，以简笔和微场景多层面、多维度勾勒华侨华人艰苦创业、开拓进取、融通中外，参与人类命运共同体建设的宏阔历程。展览馆增加了暨南大学学子品读侨文化的渠道，现已成为华侨历史文化的重要展示窗口。

活动多样

　　世华馆先后邀请多位华侨华人研究专家学者、海外华文文学知名作家举办讲座交流活动；主办、联办与协办一系列有关侨史、侨情、侨文化的主题展览；每年举办为期一周的"华侨华人文化周"活动。

　　世华馆成立世华馆志愿者宣传服务队，吸收内地及港澳台侨优秀学生担任志愿讲解员及华侨文化宣传工作者，加强暨南学子对华侨华人历史文化的了解与传承。另外，世华馆已成立19家海外文献收集联络点，积极利用民间交流、文化学术交流等渠道，以侨为桥，在文献建设、文化宣传推广、学术交流等方面广泛开展交流与合作，讲好中国故事，传播中国声音。

导航小卡片

地　　址	广州市天河区黄埔大道西601号暨南大学图书馆六楼西侧
服务电话	020-85220285
开放时间	周一至周日8:00-22:30（周五8:00-12:00） 展览馆开放时间为周一至周四8:30-17:00，周五8:30-12:00
票务信息	免费
网　　站	https://hqhr.jnu.edu.cn